职业教育理论与模式创新研究

欧陵斌 ◎ 著

吉林出版集团股份有限公司

图书在版编目（CIP）数据

职业教育理论与模式创新研究 / 欧陵斌著. — 长春：
吉林出版集团股份有限公司，2022.9
ISBN 978-7-5731-1966-7

Ⅰ．①职… Ⅱ．①欧… Ⅲ．①职业教育－研究－中国
Ⅳ．① G719.2

中国版本图书馆 CIP 数据核字（2022）第 157237 号

职业教育理论与模式创新研究

著　　者	欧陵斌	
责任编辑	王　平	
封面设计	林　吉	
开　　本	787mm×1092mm	1/16
字　　数	220 千	
印　　张	10.5	
版　　次	2022 年 9 月第 1 版	
印　　次	2022 年 9 月第 1 次印刷	

出版发行　吉林出版集团股份有限公司

电　　话　总编办：010-63109269

　　　　　　发行部：010-63109269

印　　刷　北京宝莲鸿图科技有限公司

ISBN 978-7-5731-1966-7　　　　　　　　　　定价：68.00 元

前　言

在现代社会的飞速发展中，各行各业的融合度不断增强，对人才的需求也更加多样化与全面化。职业教育是为社会提供技能型与实用型人才的重要场所，是国家教育的重要组成部分，直接关系着国民经济的建设与国计民生的发展。

在我国高等教育中，高职教育属于重要组成部分，直接影响着学生、院校与国家的发展。但现阶段，我国高职教育在教学管理方面，存在着许多现实问题，其教育管理模式呈现出一定的固化特征，影响着高职教育在社会发展中的适应性。因此，教育部与高职院校需要积极创新高职教育管理模式，探索有效的创新策略，解决高职教学管理问题的同时，满足高职教育在新时期的发展需求。

本书首先概述了职业教育基本理论，包括职业教育的性质、主要规律、规律体系以及培养目标；其次分析了职业教育的体系和模式、高等职业教育实践教学管理模式、高等职业教育实践教学体系的建设；再次探讨了"双师型"师资队伍建设，培养教师实践能力以及高等职业教育实践教学改革；最后对职业教育模式创新做了详细的总结和研究。各章内容紧密衔接又相互独立，详细诠释了高职教育实践教学体系建设的方方面面，希望能为实践教学体系的建设带来一定的参考意义。

在写作过程中，参阅了许多相关的文献资料，借此向所参阅文献资料的作者表示最衷心的感谢。由于笔者时间及水平有限，书中难免存在错误或不足之处，恳请专家、读者批评指导。

目　录

第一章　职业教育理论概述

基本问题是事物本原性和主导性的问题，对事物基本问题的认识是人们经过不懈的实践和思考后凝练成的关于事物全面的、深刻的、根本性的认识，它既是人们思考和实践的成果，又是人们再实践再认识的理性依据。职业教育的基本问题应该包括职业教育是什么以及它是怎样存在和发展的、怎样正确地认识职业教育、怎样正确地推动职业教育的发展这三大方面的问题。具体来说，职业教育的基本问题至少应该包括职业教育的性质和规律问题、发展机制和发展动力问题、体系和模式问题、现状和趋势问题、教育教学问题、政策法规问题、体制和管理问题、国际和区域比较问题、职业教育学科建设和发展问题、历史经验问题、职业教育哲学问题等。职业教育是一项复杂的社会实践，是一个普遍联系的整体和过程，上述各个基本问题实际上是从不同侧面认识和揭示职业教育这一整体和连续的过程。

职业教育具有自身特定的、丰富的性质，它的发展具有不以人的意志为转移的客观规律性，只有科学地认识职业教育固有的本质和性质，并在此基础上科学地认识和掌握职业教育发展的诸多规律，才能正确而有效地展开并最终完成对职业教育基本问题深入而系统的认识。对职业教育本质、性质和规律性的研究是系统、深入地展开职业教育基本问题研究过程的逻辑起点和前端。

第一节　职业教育的性质

一般认为，事物的性质是指事物的本质和特征，事物的本质是"体"，特征是由"体"生成的"性"。笔者认为，如果将事物的价值也就是事物的"用"考虑在内，即从事物的本质、特征、价值三者的结合上来考察事物的性质，将更加有益于对事物性质的理解。

一、职业教育的本质

《教育学大辞典》（修订合编本）认为，职业教育是"传授某种职业或生产劳动知识和技能的教育"。《辞海》认为，职业教育是"给予学生或在职人员从事某种生产、工作所需的知识、技能和态度的教育"。周济院士认为，职业教育就是就业教育。欧阳河教授把职业教育定义为：是为想成为技术应用型、技能型人才的人提供的一种教育服务。综合各种对职业教育定义的阐述并结合对职业教育现实的考察，笔者认为，技术应用型、技能型职业人才培养是职业教育最核心、最稳定、最突出的性质，是职业教育区别于其他事物的根本依据，因而是职业教育的本质所在。

这一对职业教育本质的概括有两层含义：一是说职业教育的核心是培养技术应用型、技能型人才，这是对职业教育教育教学过程的基本定位。二是指培养的是职业人才。这里又包含两个要点，一是指培养的是社会各个行业特定的职业人才，二是指这类教育的一个重要目的是满足受教育者的就业需要，这两点是对职业教育在社会和个体发展中的基本定位。上述从教育教学过程的固有属性和在社会与个体发展过程中的固有属性两个层面的结合上来揭示职业教育的本质是比较完整和准确的，因而是比较科学的。

二、职业教育的特征

本质是事物内在的规定性，特征是由本质决定的事物外在的规定性，职业教育的基本特征至少有以下四个方面。

（1）教育性。职业教育是教育的一个类型，教育是属，职业教育是种。教育的一些规律、原理、方法等也基本上适用于职业教育，同时职业教育的发展也会促进整个教育体系的完善和发展。

（2）社会性。职业教育是社会大系统的一个部分，它与社会有着密不可分的联系。经济社会的发展决定了职业教育的存在和发展，同时作为现代社会一个支柱行业的职业教育又反作用于社会，影响和制约着经济社会的发展。此外，职业教育的发展离不开政府、行业、企业、民间等社会方方面面的共同努力。

（3）职业性。职业教育培养的是掌握社会生产、服务一线职业岗位必备的知识和技能的应用型、技能型人才，相应的培养内容则是职业针对性强的知识和技能。

（4）实践性。职业教育在教学方法上强调"学做合一""手脑并用"，在教育教学方式上强调"产学结合"，在课程设置上强调实训实习，等等。

三、职业教育的价值

职业教育的价值是其本质和特征的具体的社会意义，至少包括以下四个方面。

（1）教育价值：普通教育依据理论知识的掌握和逻辑思维能力来培养和选拔人才，职业教育则依据实践动手能力来培养和选拔人才，在一个健全的教育体系中这两者是缺一不可的。

（2）社会价值：职业教育将人由潜在的劳动力转变为具有一定技术技能的现实劳

动力，它是促进经济社会发展、促进就业、消除贫困、促进社会和谐稳定的重要积极因素。

（3）对人的价值：职业教育在普通教育之外开辟了一条成才之路，有利于人们根据自身特点充分实现人生价值，并能促进就业和提高生活质量。

（4）社会文化价值：职业教育可以提高劳动者的社会地位，彰显劳动价值，有利于克服传统观念中"重道轻器"和"劳心者治人，劳力者治于人"等消极思想。

上述将职业教育的性质概括为职业教育的本质、特征和价值三个层面和多种要素构成的有机整体，在这个整体中不同层面和不同要素之间相互关联、相互作用，决定了现实中职业教育性质的具体体现。如职业教育的本质决定了职业教育的实践性特征，而实践性特征发挥得充分又会反过来强化技术应用型、技能型职业人才培养这一职业教育的本质。事物的性质是事物规律性的依据，正确地认识职业教育的性质是探索职业教育规律的前提。

第二节　职业教育的主要规律

马克思主义认为人类社会是一个自然历史过程，存在不以人的意志为转移的客观规律性，作为人类社会一项复杂社会实践的职业教育当然不能例外，认识和掌握职业教育的规律性无疑具有至关重要的理论和实践意义。笔者认为，职业教育的规律性主要体现在三个层面：第一，在社会发展层面上，职业教育与经济社会发展关系中体现出的规律性；第二，在教育事业发展层面上，职业教育与普通教育关系中体现出的规律性；第三，在职业教育自身发展层面上，职业教育特有的教育教学的规律性。

一、职业教育与经济社会发展辩证关系的规律

经济发展的需要、人们受教育和就业的需要决定了职业教育的存在与发展，社会的科技、政治、文化等因素也不同程度地影响着职业教育；同时职业教育也反作用于社会，它可以促进或阻碍社会的发展。经济社会与职业教育这种决定与被决定、作用与反作用的辩证关系贯穿于职业教育发展过程的始终，决定和影响着职业教育的其他关系和过程，所以是职业教育发展的基本规律。

我国已故职业教育先驱黄炎培先生半个多世纪前曾经深刻地阐述道：职业教育有最紧要的一点，就如人的灵魂，得之则生，弗得则死，就其本质来说，就是社会性。这里的"社会性"就是指职业教育与经济社会发展的辩证关系，中外职业教育的发展历程深刻地证明了这一点。

首先，在这一辩证关系中经济社会的发展决定和影响着职业教育的产生、发展规模、结构、发展水平、体系、模式以及发展趋势，这是这一关系中主导的方面。

其次，在职业教育与经济社会发展的辩证关系中，职业教育并不仅仅处于被决定、被影响的地位，它对经济和社会发展有着不容低估的反作用，正是在这当中职业教育体现了自己的社会历史价值。

我们要深刻地理解职业教育与经济社会发展的辩证关系，采取各种有力措施促进矛盾双方建设性地向各自对立的方面转化，形成双赢的局面。遵循职业教育的基本规律要求我们至少确立以下几个基本原则。

（1）在社会发展的层面上，各级政府要切实担负起发展职业教育的职责，统筹经济社会与职业教育的发展，充分利用政策、法规、财政税收等行政、法律、经济手段建立和完善职业教育体系，推动职业教育健康发展。

（2）在教育事业发展层面上，各级教育行政管理部门应充分认识发展职业教育的重大意义，切实解决普通教育和职业教育发展的不协调现象，把发展职业教育作为重大战略任务。

（3）在职业教育自身发展层面上，职教工作者要深刻理解职业教育的社会性这个"灵魂"，自觉将自己的工作融入经济社会发展大潮中，按照职业教育的基本规律办学，坚持以服务经济社会为宗旨，以促进就业为导向，在全面建设小康社会的伟大进程中体现自己的历史价值。

二、职业教育与普通教育辩证关系的规律

普通教育主要指普通中小学教育和普通高等教育。职业教育与普通教育的关系中既有共生共赢、相互促进的一面，又有相辅相成、相互对立的一面，这一辩证关系贯穿职业教育发展过程的始终，必须实事求是地处理好这个关系，这是职业教育发展的一个重要规律。

首先，在这一辩证关系中二者是共生共赢、相互促进的。第一，这两者共同承担为社会培养和选拔人才的重任。普通教育根据知识的掌握和逻辑思维能力对人才进行筛选和培养，职业教育则根据应用技术、技能的掌握对人才进行第二次滤选和培养，在健全的社会教育体系中这两次筛选和培养都是不可或缺的。第二，我国现代职业教育基本上是从普通教育中脱胎而来的，教育教学原理、方法、技术、人员和场地等大多是从普通教育中借鉴和转化来的，职业教育的发展也离不开普通教育的发展做支撑。第三，职业教育不仅传授专业知识和技能，还要传授基础和通识知识，只有这两类知识的传授形成恰当的组合才能培养出较高素质的人才。

其次，职业教育与普通教育又有相生相克、相互对立的一面。第一，在一定时期

国家可用于教育事业的投入是一定的，在安排这两类教育的发展上就有可能出现两相矛盾的局面，在经济发展水平不高的时期尤其如此。第二，就职业教育的教育教学而言，学校的教育学时是一定的，如果处理不当，会出现两类知识传授顾此失彼的矛盾，影响职业教育质量。

我们要科学地认识职业教育与普通教育的辩证关系，采取有效措施充分彰显二者相互促进的一面，克服和化解相互矛盾的一面，促进职业教育健康发展，为此至少要坚持以下几个原则。

（1）各级政府和教育行政管理部门要根据客观要求安排好这两类教育事业发展的关系，使其相互促进、和谐发展，目前要采取强有力的措施解决普通教育与职业教育一手硬一手软的局面。

（2）职业教育应善于不断吸收和借鉴普通教育的实践和理论成果，增进交流，相互促进，在这当中使自己不断充实和壮大。

（3）职业教育的教学工作应本着实事求是的原则，统筹兼顾专业知识和技能与基础和通识知识传授的比例关系，培养具有较高综合素质的职业技术人才。

三、职业教育的教育教学规律

职业教育的性质决定了其教育教学过程特有的规律性，职业教育特有的教育教学规律至少有以下 7 条。

（1）职业教育培养目标的规律。职业教育的性质决定了职业教育培养目标的核心是培养技术应用型、技能型职业人才，无论时代如何变化，这一培养目标的核心是不会变的，它贯穿于职业教育工作的始终，制约着职业教育教育教学的其他规律，是职业教育教育教学工作的核心规律。

（2）职业教育培养途径的规律。职业教育的培养目标决定了它不同于普通教育的培养途径。职业教育必须突破普通教育的教学模式，合理安排理论教学与实践教学的关系，强化实训、实习功能，并与企业、行业等紧密结合，走产学结合的道路，这是职业教育培养途径特有的重要规律。

（3）职业教育专业建设的规律。职业教育的培养目标决定了其专业建设特有的规律性。普通中等教育以知识为本，不设专业。普通高等教育以学科为本，根据学科分类和社会需要设置专业。职业教育则以职业为本，按照职业分工和岗位需求设置专业，强调职业能力培养。可见，坚持以职业为本的原则，依据经济社会发展的需要，不断调整和创新专业设置，适时、适类、适量地为社会培养职业人才，是职业教育专业建设的重要规律。

（4）职业教育课程建设的规律。课程是实现教学目标的基本手段，职业教育的培养目标决定了其课程建设特有的规律性。普通教育课程建设坚持知识导向和人格导向的原则，职业教育的课程建设则必须坚持以职业能力导向为核心，正确处理职业能力导向、知识导向和人格导向三者的关系，以科学高效的课程体系来保障职业教育培养目标的实现，这是职业教育课程建设的重要规律。

（5）职业教育的教学规律。职业教育的培养目标决定了其教学过程特有的规律性，即在实践行动过程中教与学。在教学中，学生是学习过程的中心，教师是组织者，教师与学生互动，使学生通过自主的获取信息、自主的制定计划、自主的实施计划、自主的评估实施效果，在自己的实践行动过程中掌握职业技能和专业知识，构建起属于自己的经验、知识和技能体系。职业教育行动导向的教学要求教学过程尽可能地与职业的工作过程具有一致性，为此，职业教育的教学方法应有归纳、演绎、分析、综合等传统方法向案例教学、项目教学、仿真教学、角色教学等转换。

（6）职业教育师资队伍建设的规律。职业教育的培养目标决定了其师资队伍建设特有的规律性，即"双师型"师资队伍建设。"双师型"教师指具备教师资格，同时又具备专业技术或专业技能资格系列，或在相关领域一线工作足够时间、具备足够相关知识与经验，或主持、主要参与过相关工程技术设计、实施的人员。师资队伍是教育教学的关键性因素，"双师型"师资队伍建设一般采取引进、聘请和现有师资培养相结合的方式。

（7）职业学校管理的规律。职业教育的培养目标及其教育教学过程的特殊性决定了职业学校管理特有的规律性。首先，职业教育的教育教学过程是一个在理论课堂、实训课堂和实习基地之间有序地进行时空转换的过程，这就要求学校的教学、学生、教师等管理以至于后勤管理等与之相适应。其次，职业学校的人员管理既包括对校内教学的管理，又包括对大量校外专家和外聘技术技能人员的管理，增加了管理的复杂性。因此，职业学校必须建立起适合自己特点的管理体制和机制。

第三节　职业教育的规律体系

职业教育的诸多规律并不是孤立地存在和发挥作用的，它们相互联系、相互作用形成了职业教育的规律体系，正是这个规律体系影响并决定着职业教育的现实状况和发展趋势。因此我们不仅要正确地认识和掌握职业教育的各个规律，而且要在此基础上科学地认识和掌握职业教育的规律体系，才能更好地指导我们的实践。

一、职业教育规律的整体观

首先，职业教育三个层面的规律本身都是自成体系的。

在职业教育与经济社会发展的辩证关系中，有经济、科技、教育和就业需求、政治、文化五个重要因素与职业教育发生联系。细分的话，在职业教育与经济社会发展辩证关系的规律下可以列出五个以上的子规律。职业教育与经济社会发展的各种联系是通过"职业"这个范畴体现出来的，"职业"在这一关系体系中处在焦点的位置。

在职业教育与普通教育的辩证关系中，按学校类型可以分为职业教育与基础教育的关系、职业教育与普通高等教育的关系、中等职业教育与高等职业教育的关系等。还可以从教育教学的原理、方法、教育体系等方面考察职业教育与普通教育的关系。职业教育与普通教育的关系是以"教育"这一范畴作为基础和联结点的。

职业教育的教育教学诸规律也是相互关联的有机整体。技术应用型、技能型职业人才培养目标决定了培养方式、专业建设、课程建设等教育教学诸环节的特殊规律，而这些具体的教育教学环节又保障了培养目标规律的实现。在这个系统中，技术应用型、技能型职业人才培养目标是核心，也是焦点。

其次，职业教育三个层面的规律相互联系和作用，依据一定的机制形成了职业教育的规律体系。

第一，社会发展对职业人才的需求决定了职业教育产生的必要性和发展的规模、结构、水平、速度等状况；第二，在社会教育母体中孕育出了职业教育，并滋养着它的壮大发展；第三，职业教育以社会发展的要求为依据确定自己的培养目标，并以此为核心确定培养方式、专业建设、课程建设、教学建设和师资建设等，最终为社会培养出合格的职业人才。不难看出，在这一逻辑过程中，"职业""教育"和"技术应用型、技能型人才"这三者是核心概念，是职业教育规律体系之网的"网上纽结"。

职业教育及其规律的整体观还告诉我们，职教工作者应具备宽广的视野，善于了解和借鉴其他行业、其他地区乃至其他国家职业教育的理论与实践成果，加强交流互动，相互促进发展。

二、职业教育规律的运动观

运动和发展是事物的本质属性，职业教育规律的内涵是不断地变化和发展着的，职业教育规律体系是动态的平衡。职业教育及其规律体系整体运动的逻辑如图1所示。

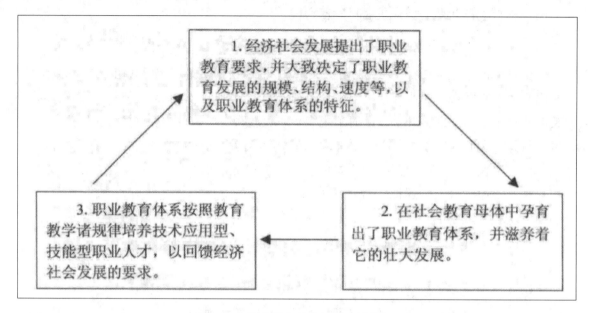

图 1-1　职业教育整体运动逻辑关系

从上述职业教育体系总的运动过程中我们可以得到三点启示：第一，职业教育及其规律体系总的运动过程实际上就是职业教育基本规律的实现过程；第二，上述总的运动过程包含了职业教育的教育教学过程和职业教育与普通教育辩证关系的过程这两个子过程；第三，职业教育总的运动过程的质量取决于各子过程的运动质量，而子过程的运动质量又要符合总过程的性质要求。

三、职业教育规律的平衡观

规律即关系，本质的关系。职业教育的规律体系实际上就是一个关系体系，只有努力地使各种关系保持在相互适应的状态，职教事业才能健康地发展，其属性才能充分彰显，这就是职业教育规律的平衡观。

如前所述，职业教育规律体系是由三个层面的规律构成的，职业教育工作一是要处理好每个层面上的各种关系，二是要处理好三个层面规律之间的关系。需要指出的是，职业教育三个层面的关系之间、每个层面上各种关系之间以及每种关系不同方面之间的重要性并不是等价的。在职业教育与经济社会发展的辩证关系中，经济社会发展是矛盾的主要方面，是核心，职业教育的发展必须适合于经济社会的发展。在职业教育与普通教育的辩证关系中，从职业教育的视角看自身是矛盾的主要方面，处理好这一关系应着眼于职业教育的发展。在职业教育教育教学诸规律中，培养目标的规律是核心，其他如培养方式和专业建设、课程建设、教学建设、师资建设等都围绕这一核心展开。在职业教育三个层面的规律之间，职业教育与经济社会发展辩证关系的规律是主导，是核心，是基本规律，其他两个层面的规律都围绕它起作用，是为了实现基本规律而存在的。

还需要指出的是，处理职业教育的各种关系，不是消极地平衡，而应是积极地适应，要采取适度积极的态度。比如我国一些较发达的地区注重了解和研究发达国家和地区职业教育的特征和发展动向，并以此为重要依据设计自己的发展。因为这些国家和地区目前职业教育的状况有可能会在数年后在我国较发达的地区重演。当然这种"积极"应是适度的，不是盲目的积极，目的是"适应"。我国 20 世纪 80 年代一些地区不顾经济社会发展的实际需求盲目扩大中等职业教育而造成的资源浪费就说明了这一点。

第四节　职业教育的发展机制和发展动力

机制原指机器的构造和动作原理，生物学和医学在研究一种生物的功能时，常借指其内在的工作方式，包括有关生物结构组成部分的相互关系，及其间发生的各种变化过程的物理、化学性质和相互关系（参见《辞海》1999 年版缩印本第 746 页）。后来，"机制"一词被广泛运用，指事物各组成部分之间相互联系、相互作用的有序化状态及其原理，是事物存在和发展的重要依据。在当今社会问题研究和社会实践中对各种机制问题日趋关注，这是社会认识和社会实践不断深化的必然反映。动力来源于机制，对事物发展动力的研究实际上是对机制问题研究的自然展开和延续。

一、关于职业教育的发展机制

职业教育的发展机制是一个系统，是一个运动过程，是一些需要用科学的观点和方法去处理的重要关系。

（一）职业教育发展机制是一个系统

职业教育发展总的机制由需求机制、供给机制、服务保障机制和社会调节机制这四个基本机制组成，而这四个基本机制相互关联、相互作用构成了更加复杂的现实中的职业教育的发展机制。

1.职业教育的需求机制

需求机制是职业教育发展总的机制的逻辑起点，没有对职业教育的需求就没有职业教育及其发展机制可言，职业教育的需求普遍地存在于当今社会的各个领域之中，这背后的机制是社会不断发展后横向的社会分工和纵向的岗位分层。横向社会分工日益产生众多的各行各业及其实体，纵向的岗位分层产生各行各业不同层次的工作岗位，而对职业教育的需求就是为满足由于社会分工和岗位分层造成的对某一类特定人才的需求，即对技术应用型、技能型职业人才的需求。从社会个体层面讲，大众中相当一部分人为满足自身的成长和就业，也成为职业教育的需求主体。当经济社会发展需求与社会个体成长及就业需求相契合时，现实的具体的职业教育的社会需求便出现了。

2. 职业教育的供给机制

职业教育的供给机制主要存在于职业教育培养体系中，是各类职业教育学校和培训机构教育教学活动运行机制的综合体现，职业教育的教育教学过程机制主要由培养目标、培养方式、课程设计、教材、教学方式与方法、教学评价、就业工作等各个方面以及各个方面之间的内在关系构成的。在职业教育的教育教学机制中，职业教育的培养目标居于核心地位，教育教学过程的这一培养目标就是培养社会需要的技术应用型、技能型职业人才，各个方面必须与它保持一种紧密契合的关系，职业教育的教育教学过程才能正确地进行，它的供给机制才能充分合理地体现。

3. 职业教育的社会调节机制

社会调节机制是政府、市场对职业教育的需求和供给关系进行不断调整的内在关系，目的是实现资源的优化配置，实现需求与供给的统一，促进职业教育健康发展。职业教育的社会调节机制分为行政调节与市场调节，这两种调节方式并不是各自独立存在和发生作用的，行政调节主要参照职业教育需求市场的现状和发展趋势，而市场调节的局限也主要依靠行政调节来弥补，二者是一个相互补充、相互融合形成合力的关系。我国是一个市场经济尚处在不完善和城乡二元经济特征明显的人口大国，现阶段在宏观上宜采取行政调节为主导、充分尊重市场的职业教育社会调节机制。

4. 职业教育的服务保障机制

服务保障机制是为职业教育的需求、供给和社会调节提供服务和保障性的工作机制，主要包括：

（1）信息沟通机制。它的主要作用是沟通职业教育的需求、供给、调节和服务保障这四个基本机制，从而使职业教育更有效地形成一个整体，形成现实有效的职业教育供需市场，并使之和谐健康地发展。

（2）科研学术机制。职业教育的发展离不开职业教育科学技术的繁荣与发展，它直接促进职业教育的四个基本机制，并使职业教育获得可持续发展的不竭动力。

（3）师资培训机制。师资是教育过程的工作母机，也是影响职业教育质量的一个关键。师资质量的提高一是通过校本培训，二是建立健全社会培训机制，形成两种培训相结合的师资培训机制。

（4）职业教育评价机制。评价机制对职业教育的教育教学过程和成果做出科学的判断和评定，以此鞭策、鼓励或纠正、规范职业教育机构的教育教学行为，保持职业教育正常、有效地运行。在我国，职业教育的评价一般采取由政府主导、评价中介机构主要参与的形式，今后应吸收行业、企业、家长等社会因素参加，保证评价的广泛性和科学性。除上述四个主要服务保障机制外，还应包括诸如职业技能考核与评定、传播与宣传、激励与奖励、扶困助学等。

5. 现实的职业教育发展机制是上述四个基本机制的统一

职业教育的需求机制与供给机制相联系，形成了现实的职业教育供需市场；服务保障机制主要作用于供给机制，在信息、科研、师资提高、教育教学评价、宣传传播与奖励资助等方面促进供给机制的完善与提高（当然不排除对需求机制和调节机制的积极作用）；调节机制作用于其他三个基本机制，最终使职业教育现实的供需市场在数量、结构和质量上达到比较理想的状态，以满足经济社会发展和个体成长发展的需要。在上述职业教育发展机制系统中，四个基本机制是基础，缺一不可；供给机制（培养机制）是中心，是主体；社会调节机制是主导，是掌控，在我国当前的国情下尤其如此。

（二）职业教育发展机制是一个过程

实践是事物存在的基本形式之一，前面对职业教育发展机制的研究基本上属于静态分析，下面我们将它作为一个动态的过程加以考察。

1. 发展中的职业教育需求和供给机制

从历史上看职业教育的需求机制大致经过了传统手工业阶段和机器大工业阶段，目前已经进入日益繁荣的知识经济阶段。知识经济的特征是大量的科技成果运用于经济社会发展的各个领域，传统产业科技含量得到提升，大量新兴产业涌现，社会财富日益丰富，社会更加注重以人为本和谐发展。经济社会发展的变化带动职业教育的需求和供给的变化是一条特定的规律，因此当今社会职业教育的需求与供给呈现出空前丰富多彩的景象。具体来说，当前和今后相当长的历史时期，职业教育的需求和供给将在保留和完善传统产业（含特色传统手工业）的同时，将重点转向新兴产业、新兴部门和新兴领域，如信息通信、新材料、新能源、环保生态、文化创意、体育休闲、社会事业、健康事业、慈善公益、三农建设等。从空间分布变化来看，职业教育的供需将在不断完善大都市和东部发达地区的同时，不断向农村和中西部地区辐射，最终形成我国规模空前、丰富多彩、生机勃勃的职业教育大市场。

2. 发展中的职业教育服务保障机制和社会调节机制

经济社会的强劲发展带动职业教育需求与供给的强劲发展，而后者又牵引着职业教育服务保障机制的健全和发展，我国职业教育的服务保障机制从无到有、从不健全到已经在逐步健全，今后的发展主要有两个方面：一是在职业教育比较发达的区域继续做大做强服务保障体系，并注意机制的转化和优化，从行政行为为主导转变为社会行为和自觉行为为主导。二是服务保障机制要紧跟供需机制向中西部和农村辐射的步伐，使这些地区可以借助后发优势更好地发展职业教育。社会调节机制的发展经历了从过去单一的行政计划调节到现在的行政调节与市场调节相结合的并以行政调节为主导的调节形式，它今后的发展主要有以下几个方面：一是调节将更加科学化。随着信息沟通机制、评价机制、科研学术机制等的日益完善和职业教育供需市场的日益健全，其调节功能将越来越科学合理。二是调节将更加法制化和规范化。社会行为的法制化、规范化是一个社会成熟的重要标志，也是科学化的必然要求，随着时代的前进，职业教育的社会调节行为将更加符合法治和规范的要求。三是调节将更加综合集成化。我们知道，随着社会的发展，社会组织之间的联系越来越紧密，相互影响越来越深远，任何一项事业的发展都离不开其他方方面面的支持与配合，职业教育的调节必须纳入社会发展的整体调节机制中去，采取综合措施，形成国家和地区、行业的宏观调节模式，集成化推进，方能取得良好的效果。

（三）职业教育的发展机制是一系列重要的关系

机制的核心是关系，研究职业教育机制问题的目的就是处理好有关的各种关系。

1. 职业教育需求与供给的关系

总的来说，这对关系是决定与被决定、作用与反作用的关系。首先，职业教育需求决定其供给是不争的事实，职业教育体系无法决定和改变经济社会发展带来的对技术应用型、技能型职业人才的需求，只能适应经济社会发展的需求，为其适时适量地培养高素质职业人才。其次，这对关系不仅是决定与被决定的关系，同时也是作用与反作用的关系。职业教育一是要足够地尊重经济社会的发展，二是要足够地促进经济社会的发展，通过适时、适量向经济社会输送高质量人才来促进经济社会的发展，在这当中体现职业教育自身的价值。这里的关键是"适时""适量""高质量"。适时，要跟上经济社会的发展步伐，不能滞后，当然也不能过度超前；适量，培养人才的数量和构成要与社会发展的需求基本平衡；高质量，培养人才的质量要满足社会各行各业发展的需要。

2. 职业教育服务保障与职业教育主体发展的关系

供需体系是职业教育发展的主体，供需体系的发展牵引着服务保障体系的发展，这两者也同时存在决定与被决定和作用与反作用的关系。服务保障体系要足够地尊重和服务于主体，同时也要足够地促进主体的发展。职业教育服务保障与主体之间的关系实际上应该是一种"和而不同"的关系：和，二者的最终目的一致；不同，有时二者应保持一定距离，这样更能促进主体的健康发展，如职业院校教育教学评估工作就是一个鲜明的例子。

3. 职业教育的社会调节与需求、供给和服务保障之间的关系

这组关系比较复杂，不像前面论述的两组决定与被决定、作用与反作用的关系，

这组关系实际上是相互决定、相互促进的关系。从比较长的时间尺度看，职业教育供需体系决定着调节体系，没有前者，后者无存在的必要和可能，后者的调节方向和调节方式也要依前者的状况而定。服务保障体系也有力地促进着调节体系的健全和发展。而从比较短的时间尺度来看，尤其从当下来看，职业教育社会调节机制又决定着供需体系和服务保障体系，改革开放三十多年来各级政府及相关部门利用政策、法规、规划、财政、信息、评估、宣传等措施大力推动职业教育发展所取得的显著成效突出地说明了这一点。由此可见，在当前我国的历史背景下，从社会整体发展的宏观层面上看，社会调节机制是职业教育事业发展的关键性机制。

前面主要分析了职业教育发展机制中四个基本机制之间的关系，实际上每个基本机制内部也存在着许多重要关系，比如供给机制的培养体系中，培养目标、培养方式、课程教材、教法、实训、考核和实习等教育教学诸环节之间以及诸环节内部都包含着一些重要关系，需要我们认清和把握。

二、关于职业教育的发展动力

职业教育的发展动力是指推动职业教育运动和发展的力量。职业教育的发展动力可分为宏观层面的动力和微观层面的动力，现实的职业教育的发展动力是宏观动力和微观动力的统一。

（一）职业教育发展的宏观动力

职业教育的宏观发展动力最初来源于四个基本机制中，而最终形成于四个基本机制关系之间的合力。

由经济社会发展母体中产生的职业教育需求机制是职业教育发展动力的逻辑起点，是职业教育发展的牵引力，它实际上是给社会发展提出了一个挑战——发展职业教育的挑战。社会要想继续生存和发展，就要从母体中分化和成长出一个部分去应战，这个部分就是以职业教育供给体系（培养体系）和服务保障体系为主要内容的社会职业教育体系。总的来讲，职业教育发展需求提出的挑战越大，职业教育体系应战的动力也应该越大。然而在现实中，不同地区、不同行业，乃至不同国度，在大致相同的挑战面前其应战的动力却不尽相同，因而职业教育的发展程度也不尽相同，这里面有两个层面的原因：从直接的原因看，应该是职业教育体系的主体——培养体系和服务保障体系动力发挥的程度不同造成的，动力不足会严重影响职业教育事业的发展；从深一层次看，职业教育体系的驱动力不足大多因为社会调节机制提供的推动力不足，社会调节机制的根源主要存在于社会母体中，社会母体在资源占有、影响能力等方面是职业教育体系自身所无法比拟的，职业教育的发展离不开社会母体提供强大的推动力。归结起来看，职业教育发展的宏观动力是由社会母体中自然产生的职业教育需求牵引力、职业教育培养体系中自为产生的驱动力、职业教育服务保障体系中自应产生的助动力和社会母体中自觉产生的推动力这四种力有机结合而形成的合力。这一动力体系的机理正好印证了老子《道德经》中的一句名言：既知其母，以知其子；既知其子，复归其母。

（二）职业教育发展的微观动力

宏观不等于微观，但蕴含着微观；微观不等于宏观，但支撑着宏观。职业教育发展的宏观动力系统主要是由各个具体的组织，如学校、培训机构、服务保障组织、行政管理组织等以及每个与职业教育相关的人组成的，这些是职业教育宏观动力系统的基本构成要素。职业教育的具体组织和人员需要的是活力，要有活力，要能够卓有成效地、创造性地完成自己的工作，从而促进整个系统充满活力成功地应对挑战，在这一过程中达成微观与宏观的统一，从而实现自身应有的价值。

职业教育微观组织的活力来源于什么？一是人，二是体制机制。"一个好的大学校长就是一所好的大学"，这句话同样适合于职业教育。因此，选拔优秀人才充实职业教育的各级组织，制定相关优惠政策吸引人才进入职业教育领域成为保持职业教育活力的重要条件之一。体制机制改革是职业教育保持活力非常重要的条件，职业教育的体制机制改革不仅要赶上社会改革的步伐，由于其特殊性和艰巨性还应该适度地超越社会其他一些领域的改变步伐。职业教育体制机制改革后应形成这样一个大的局面：社会对职业教育有足够的认识，校长有足够的权力，学校（或其他培训组织）有足够的财力，教师（或其他从业者）有足够的地位，学生有足够的待遇（与普通教育学生相比），职业教育各类组织有足够的活力。

（三）完善和加强职业教育动力系统的基本方式

发展动力问题是关乎职业教育事业优劣成败的重大问题，根据上述对职业教育发展的宏观和微观动力机制的分析，可以将加强和完善职业教育动力系统的基本方式归纳为"四个对接"和"一个统一"。

"四个对接"：第一个对接是指培养体系要紧紧盯住、死死咬住职业教育需求市场，以服务为宗旨，以就业为导向，实现无缝隙对接，这样供求机制的牵引力才能充分渗透进职业教育体系，从而充分发挥牵引力作用；第二个对接指培养体系的教育教学诸环节要紧紧盯住、死死咬住培养技术应用型、技能型职业人才这个核心目标，实现无缝隙对接，这样才能充分发挥培养体系的驱动力作用；第三个对接指服务保障体系要紧紧盯住、死死咬住培养体系，主动、全方位地服务于职业教育培养工作，实现无缝隙对接，充分发挥助动力作用；第四个对接指社会调节系统要站在贯彻和落实科学发展观、全面建设中国特色社会主义、实现中华文明伟大复兴的历史高度，全方位地高度重视职业教育事业，实现无缝隙对接，充分发挥其对职业教育强大的推动力作用。

"一个统一"，即要采取科学、有力的措施促进职业教育发展宏观动力和微观动力实现有机的统一。如前所述，职业教育发展宏观动力的实现最终还要取决于各个基层组织和每一个职教人活力的激发，即取决于宏观动力和微观动力现实的统一。因此，在党和政府的正确领导下，健全和改革职业教育的体制和机制，充分调动每一个基层组织和每一个职教人的积极性和主动性是职业教育事业发展的一个关键性因素。

第五节　职业教育的培养目标

职业教育的培养目标问题之所以重要取决于以下三点：第一，它是整个职业教育体系中各种重要关系间主要的交汇点，它一头连着经济社会发展对职业教育的需求和要求，另一头连着职业教育的教育教学过程以及受教育者的职业生涯；第二，它是整个职业教育教育教学过程的引领点，它决定了职业教育培养工作总的原则和方向，是教育教学工作的基本依据；第三，它决定了受教育者职业生涯的切入点，影响他们的一生。这三点决定了职业教育培养目标非同寻常的重要性，我们不能不重视，不能不详查。

一、职业教育的培养目标是特质目标和共质目标的辩证统一体

职业教育的本质决定了其特殊的培养目标，即培养技术应用型、技能型职业人才，我们将这一特殊的培养目标称为职业教育培养的特质目标。同时，职业教育又是整个教育事业中的一个类型、一个部分，它与教育事业其他类型、其他部分共同承担着贯彻国家教育方针、培养全面发展的社会主义建设者和接班人的共同任务，我们将这一共同的培养目标称为职业教育培养的共质目标。现实中的职业教育的培养目标应该是特质目标和共质目标的辩证统一体。

（一）职业教育培养的特质目标

现代社会的发展需要有相应的人才规模和结构，这决定了现代职业教育的产生和发展，并赋予它特殊的性质，这一特殊的性质就决定了职业教育区别于其他教育的特殊培养目标。根据当代世界经济社会发展对人才结构的需求以及对教育发展分类的要求，1997 年联合国教科文组织制定了《同际教育标准分类》（ISCED），从中可以看到，培养技能型人才的 2B 和 3B 相当于我国的初等职业教育和中等职业教育，而高等教育中的 5B，即培养技术应用型人才的高等教育相当于我国的高职教育。

对职业教育培养的特质目标的界定主要依据当代社会人才构成的需要。无论从现代科学技术的发展逻辑看，还是从现代人类活动（主要是经济活动）的发展逻辑看，

对现代人才群体的需求呈现以下相互关联的四个层次。

（1）科研学术型人才，简称学术型人才。他们的任务是研究发现客观规律和原理，建立和完善理论，同时也传播新知识、新理论。在科学技术发展逻辑中，他们对应于基础科学以及技术科学中的上位层次，他们是探索和发现者。在现实社会结构中，他们是科学家、研究人员、研究型教授等。对于他们的培养一般由研究型大学本科以上层次完成。

（2）科技工程型人才，简称工程型人才。这类人才的任务是根据基础科学和技术科学的成果去进行创意、规划、设计、开发等工作，将科研学术成果与人类现实生活对接，创造条件地孵化出将学术成果转化成社会实际成果的思路、蓝图、方案、设计等。在科学技术发展逻辑中，他们对应于工程技术阶段，属科学技术向现实生产力转化环节的上位层次，他们是创意和设计者。在现实社会中，他们是设计师、工程师、经济师、主创人员等。对于他们的培养一般由工科、经管等大学本科以上层次完成。

（3）技术应用型人才，简称技术型人才。这类人才的任务是落实规划、方案、设计等，将其转化为合格的物质形态产品或社会服务产品等。在科学技术发展逻辑过程中他们对应于工程技术阶段中的下位层次，他们是组织和实施者。在现实社会中，他们是工艺工程师、技术员、农艺师、会计师、车间主任、工段长、护士长等。对于他们的培养一般应由高等职业院校专科以上层次完成。

（4）操作技能型人才，简称技能型人才。这类人才的任务是在生产和服务第一线，依靠必要的专业知识和熟练的操作技能最终完成物质产品的生产或社会服务活动。在科学技术发展逻辑过程中他们处在科学技术向现实生产力转化过程的最终完成阶段，他们应该是能工巧匠。在现实社会中，他们是技术工人、手工艺者、高级服务人员等。对于他们的培养一般由初级和中级职业学校完成。

从上述对人才结构的分析中可以看出，职业教育特殊的培养目标主要是针对第三和第四两个层面人才的培养，即技术应用型和技能型人才培养。前者主要由高职教育培养，后者主要由初、中职教育培养（目前主要是由中职教育培养）。这里还有两点需要说明：第一，对有的人才层次的界定并不是很明晰的，如一些科学家也主持或参与重大项目的设计与实施，一些技术应用型人才同时也具备较高的操作技能，等等。第二，上述对人才的分类和职业教育培养目标的定位是就现代社会的一般意义而言的，对诸如传统工艺制作，传统医学中针灸、推拿按摩等，传统艺术中的国画、书法等行业，这些从业者实际上既能创意、设计又能实施、制作，对他们的培养是在特殊的方式下进行的。

（二）职业教育培养的共质目标

如果说职业教育培养的特质目标是培养职业人的话，那么职业教育培养的共质目标则是培养社会人，即培养社会各类人才都应具备的综合素质。马克思主义关于人的全面发展学说为我们提供了迄今为止最全面、最正确的指导思想，对于"全面发展"的内涵我国一直采用德、智、体、美四个方面来表述。笔者认为，还要再加上一个"能"字，即用德、智、体、美、能五个方面表述"全面发展"的内涵。在由这五个方面构成的综合素质统一体中，体能和智能是综合素质的生理和心理基础，是潜在力量；道德品质既是内在的素养，又是调节人与人、人与社会关系的行为规范，是安身立命的重要条件；情感、情调、意志等（美的范畴）是个人发展中不可缺少的非理性因素，对个人发展起着积极或消极的作用，是综合素质的审美导向和力量基础；能力是前四个方面的综合体现，又是人的全面发展的主要支撑，因而在人的综合素质里应该居核心地位。

鉴于能力在人的综合素质和人的全面发展中的核心地位，有必要对其进行梳理和分析。目前教育界一般认为能力包括相互联系的三个方面的内容：一是专业能力，指专业领域内从事生产、经营、服务等职业活动所需要的能力，它是相关知识和技能的综合，它的生成在于学习和工作实践，是二者的有机统一；二是方法能力，指从事工作等事业所需的工作方法、学习方法、思维方法，它包括科学的思维方法和学习方法以及相关的学习技能，是人的能力不断发展的基础；三是社会能力，指从事职业活动和其他社会活动所需要的行为能力，如表达沟通能力、社会交往能力、心理适应和承受能力、责任感和团队意识、奋斗意识、创业和成功意识等，这既是基本的生存能力，又是基本的发展和扩展能力。笔者认为，这三个方面的能力实际上是一个有机统一的关系：第一，就职业人来说，专业能力是基础，是内核，学习能力和社会能力是扩展，是丰富，专业能力是主体，学习能力和社会能力是两翼；第二，学习能力和社会能力是专业能力的补充和加强，是扩大了的专业能力；第三，专业能力又是一种潜在的学习能力和社会能力，职业人的学习一般是一定专业背景下的学习，社会活动也经常是被赋予一定专业色彩的活动。同时，在职业教育培养的共质目标中，能力目标与其他四类目标也是一个有机统一的关系：智和体是本能的生理基础和心理智力基础，而能力的发展又反过来可以促进智力乃至体质的进一步发展和健全；德和美实际上也是一种"软"能力，而能力的发展又可以不断扩展和提升道德素养和情感、意志、性格等审美取向。

（三）现实的职业教育培养目标是特质目标和共质目标的辩证统一

统一，可以是简单的并列和汇总，也可以是和而不同、相互促进、整体提高，这后一种统一就是辩证的统一。高质量的职业教育培养目标应该是特质目标和共质目标的辩证统一，而不应该是简单的并列和汇总，如一些学校培养过程中出现的专业教育（技术、技能教育）与通识教育两张皮的倾向。实现职业教育培养特质目标与共质目标的辩证统一需要一个完善的机制，笔者认为要把握以下两个基本原则。

（1）把握一般与特殊的关系，在共质培养目标的实现过程中体现特质培养目标的性质要求。培养德、智、体、美、能全面发展的人才是各类教育的共同目标，是一般；而从职业教育的视点上看，这个一般又不能脱离培养技术应用型、技能型职业人才这个特殊。比如在教育培养问题上，前国家总理朱镕基给一所财会院校的题词是"不做假账"，这充分体现了德育培养的公职目标与财会专业培养的特质目标具体结合的重要性。再如我国著名戏剧表演艺术大师常香玉经常教导弟子的一句话是"戏比天大"，体现了责任心等德育素质培养与表演艺术培养相结合的要求。

（2）把握部分与整体的关系，在特质培养目标的实现过程中结合全面发展的共质培养要求，在二者协同共进中培养更高境界和更高质量的技术应用型、技能型职业人才，促进职业教育培养的特质目标在更高的水平上得以实现。比如专业教育中采用项目教学法，以学生为教学过程的中心，让学生独立地获取信息、价值判断、制定计划、实施计划、评估结果，以及挖掘和培养学生专业能力基础上的自主综合能力。再如在教育教学过程中通过高质量的文化课、社会实践活动、校园文化活动等，开阔学生的胸怀和眼界，努力将学生培养成为"据于德，依于仁，游于艺"的大匠人、大艺人。

综上所述，可以将职业教育的培养目标（基本目标或总的目标）用一句话来概括，即培养德、智、体、美、能全面发展，高素质的技术应用型、技能型职业人才。总之，职业教育培养的应该既是高素质的职业人，又是高素质的社会人；既是以牢固的职业能力为基础的全面发展的社会人，又是具备"德""智""体""美""能"综合素质的职业人。

二、职业教育培养目标是与上位概念和下位概念的辩证统一

我们可以将职业教育培养目标看作是职业教育概念体系中的一个中位概念，临近它的上位概念有职业教育目的、职业教育方针等，邻近它的下位概念有不同类型职业教育培养目标、不同专业培养目标等。任何事物都不是孤立和静止存在的，事物的生成是多种因素相互作用的结果。前面分析了职业教育培养目标的内涵，本节从联系和发展的视点上将培养目标问题合理放大，探究职业教育培养目标的生成过程，以便对职业教育的培养目标问题的理解更深入、更全面。

（一）职业教育培养目标的上位概念和下位概念

1. 职业教育培养目标的上位概念

职业教育培养目标的上位概念是指在职业教育逻辑关系链上位于培养目标之前的概念，正是它们引领并决定着培养目标的生成，它们主要有职业教育目的和职业教育方针。职业教育目的是指职业教育行为最终要达到的预期目的，反映了人们对所培养

人才的基本要求。职业教育方针则是指国家制定的职业教育工作总的原则，是职业教育工作要遵循的方向指针。

根据对《中华人民共和国职业教育法》《国务院关于大力发展职业教育的决定》等法律、法规的理解，可以将我国职业教育目的和方针分别做一概括。职业教育目的：一是国家发展的目的，主要是促进经济发展，提高综合国力，把人口压力转变为人力资源优势；二是社会和谐的目的，主要是促进就业，消除贫困，实现公平，维护社会和谐稳定；三是个体发展的目的，遵循教育规律，培养全面发展的高素质劳动者和高技能专门人才。职业教育方针：《中华人民共和国职业教育法》总则第 4 条基本上确立了我国的职业教育方针，即"实施职业教育必须贯彻国家教育方针，对受教育者进行思想政治教育和职业道德教育，传授职业知识，培养职业技能，进行职业指导，全面提高受教育者的素质"。职业教育方针确定了职业教育工作的基本方向和基本内容：第一，贯彻国家教育方针，培养全面发展的社会主义建设者；第二，传授职业知识，培养职业技能，进行职业指导，养成职业道德，培养高素质的职业人才。

2. 职业教育培养目标的下位概念

邻近职业教育培养目标的下位概念主要有不同类型职业教育培养目标和不同专业职业教育培养目标，它们是职业教育的培养目标（在这里可称为职业教育培养的基本目标或总目标）的逻辑延伸和支撑。

我国的职业教育主要有三个层次类型，分别是初级职业教育、中等职业教育和高等职业教育，目前以后两个层次类型为主，每个层次类型的职业教育培养目标又有所不同：①初级职业教育培养目标。这是职业教育最低的层次类型，是在初中阶段实施的职业教育，也是九年制义务教育的组成部分，它的培养目标是培养掌握初等科学知识，有一定的职业技能，能自食其力的初级劳动者，它的核心是培养初级技能人才。②中等职业教育培养目标。中等职业教育是我国职业教育的主要力量，是我国高中阶段教育的重要组成部分，担负着培养数以亿计的高素质的重要任务，它的培养目标是培养具有综合职业能力，在生产、服务、技术和管理第一线的高素质劳动者和中级专门人才，它的核心是培养中级技能型人才。③高等职业教育培养目标。高等职业教育培养目标是培养高级技能型专门人才和高级技术应用型人才，即重点培养将决策、规划、设计等转化为实际产品和服务的技术型人才，或从事成熟理论与技术的应用和操作的高级技术和管理人员。

不同专业的培养目标是职业教育培养目标概念体系中最基础的下位概念，是职业教育目的、方针和基本培养目标的细化和落实，是专业课程设置、教学方式方法选择的前提。

职业教育是一种专业教育，但不同于普通教育中的专业教育，比如普通高等教育的专业教育培养目标基本上是从学科角度制定所培养人才的知识、能力及素质等质量标准，而职业教育的专业培养目标则是从实际工作岗位分析出发，根据岗位能力的要求确定人才培养的素质要求，确定不同专业的培养目标体系。岗位能力本位的教育模式是从实际工作岗位分析出发来构建专业培养目标的。首先，要开展社会调研工作，确定本专业就业对应的社会岗位群及具体专业；其次，分析职业岗位的主要责任和主要任务；再次，根据职业岗位的责任和任务分析归纳职业岗位能力要求；最后，对职业岗位能力进行整理和筛选，确定出专业培养目标的素质规格。

（二）职业教育培养目标是与上位概念和下位概念的辩证统一体

职业教育的目的、方针、总的培养目标、不同类型的培养目标和不同专业的培养目标这五个相互联系的概念在现实的职业教育过程中分别代表五个不同的环节，这五个概念的关系不是并列的，它们之间依一定的逻辑关系构成了一个有机系统，现实的、科学的职业教育培养目标的生成是这五个概念（或环节）相互作用的结果。

（1）首先，职业教育培养目标关系链中这五个环节缺一不可。比如，社会的职业教育目的不明晰，那么职业教育培养目标的确定就没有上位的引领。再如，职业教育各个层次类型和各个专业培养目标不完善、不科学，那么职业教育的培养目标也只能是得不到落实的空话。

（2）职业教育培养目标逻辑关系链中五个概念之间的关系，首先是如下依次决定与被决定、影响与被影响的关系：职业教育目的—职业教育方针—职业教育培养目标—各个类型职业教育培养目标—各个专业职业教育培养目标。

（3）职业教育培养目标关系链中不仅有正向的决定与被决定、影响与被影响的关系，同时存在逆向的反馈关系。比如，过去中专学校的培养目标是中等专业技术人才，随着社会条件的变化，中专学校归入中职学校的培养范畴，原来的专业培养目标下移，那么作为中专层次类型新的培养目标也从原来的中等专业技术专门人才下移到培养中级专门技能人才。相应地，过去由中专学校培养的人才层次现在上移到了高职类型的院校培养。再相应地，再上一位的环节即职业教育总的培养目标环节也发生了变化，由传统的以培养技能型人才为目标转变为以培养技术应用型和技能型人才为目标。从这里清楚地看到，由于最下位的各个专业培养目标的变化引起了它上位的各个类型培养目标的变化，又进一步影响了再上一轮职业教育总的培养目标的变化。从这里也可以看到，在上述逻辑关系链中，处于上位的环节一般比较稳定，而处于下位的环节往往比较活跃，在一定条件下可以影响整个逻辑关系链的变化。

第二章　职业教育的体系和模式

体系，指若干有关事物互相联系、互相制约而构成的一个整体。模式，则是指可以作为范本、模本、版本的样式。体系与模式是对立的统一，体系是实体，是整体；而模式则是这一实体、整体存在和运行的方式或样式。职业教育体系与模式的研究是带有整体性、全局性、战略性的研究，因而其意义和影响是重大的；由于职业教育是一项复杂的社会实践，它与经济社会有着十分复杂的关系，同时职业教育体系自身又是一个十分庞大和复杂的系统，因而职业教育体系和模式的研究又是十分困难的。我们以往对职业教育体系和模式的研究存在两个局限：一是比较重视对职业教育培养体系及其模式自身（以下称其为狭义的职业教育体系和模式）的研究，而比较忽视将职业教育放在社会发展整体中研究更大范围内的职业教育体系和模式（以下称其为广义的职业教育体系和模式），这样做的结果有可能会造成研究的封闭性从而导致局限性。二是比较重视对历史上存在过的和当前正存在的职业教育体系和模式的归纳和阐述，而比较忽视对这些职业教育体系和模式背后带有必然性的原因做深入的研究，这样做的结果有可能因对"所以然"缺乏了解而导致研究的局限性。为避免可能出现的局限性，笔者认为：一是要从广义职业教育体系和模式的视角去研究体系和模式问题；二是要从形成原因去研究职业教育的体系和模式问题。

第一节　职业教育体系

广义的职业教育体系不仅包括职业教育培养体系，而且包括与职业教育密切相关的社会方方面面与职业教育培养体系相互作用而形成的体系。对广义职业教育体系和模式的研究可以使对职业教育的认识更加全面、更加系统。

广义的职业教育体系主要包括以培养体系为核心的四个基本部分。

一、职业教育需求体系

需求体系是指社会各行各业因对职业教育人才有直接需求而与职业教育培养体系联系在一起的社会组织，包括各类企业、事业单位，是经济社会赖以生存和发展的基本社会组织。需求体系主要通过供需市场与培养体系（或曰供给体系）发生联系，具体形式有实体人才市场、网络人才市场、社会组织与培养机构直接联系、订单式培养等。职业教育需求体系中的各个社会组织首先分属于各自所属的各个社会体系中，如工业企业属于工业体系，农业企业属于农业体系，商业服务业企业属于第三产业体系等，那么它们又如何同时属于广义的职业教育体系中呢？原因有两个：一是当代社会各个系统相互渗透、相互融合，任何一个系统都不可能独立地存在和发挥功能，必须以某一系统为核心将系统合理放大，详细分析影响核心系统的各个方面的因素，将这些因素与核心系统一起作为一个大系统来认识，因此，就职业教育论职业教育是没有出路的。广义职业教育体系中的调节体系、服务保障体系与培养体系等关系也是同理。二是广义职业教育体系的核心是培养体系，即各级各类职业教育学校和培训机构，但仅靠培养体系还无法完成职业人才培养的全部工作：第一，需要与其他社会组织以不同形式联合进行实践性教学活动；第二，学生毕业参加工作后实际上与培养体系也没有完全脱离关系，他们会带回各行各业与职业教育有关的信息，以利于调整培养工作；第三，随着知识经济的不断发展，参加工作的毕业生需要不断地学习以适应不断变化的形势，而母校将会在这一过程中扮演一个比较重要的角色，有些像现代工商业的售后服务工作。

二、职业教育培养体系

这一体系就是通常说的职业教育体系，即狭义的职业教育体系。它主要由各级各类职业院校、培训机构等组成，是广义职业教育体系的核心部分，是职业教育事业的主战场。

三、职业教育调节体系

调节体系主要由政府调节和市场调节两个部分组成，政府调节系统主要由各级政府教育行政部门等组成，通过法规、政策、规划、财政和其他资源等手段进行调节。市场调节系统主要由各种人才市场组成，自发地调整职业人才的供求关系。现实的调节体系是政府调节与市场调节的统一，政府调节的主要依据是市场，市场调节的不足靠政府弥补。

四、职业教育服务保障体系

服务保障体系指主要为培养体系提供服务保障性工作而又不隶属于培养体系的社会组织的总和，这一体系对需求体系、调节体系和服务保障体系自身也都有积极的促进作用。服务保障体系主要包括信息沟通系统、科研学术系统、师资培训系统、职业资格考核认证系统、教育教学评价系统以及传播与宣传系统、社会激励系统和社会助学系统等。

对广义职业教育体系进行研究至少可以得到三点启示：第一，职业教育体系实际上是以培养体系为核心的四个基本部分的统一；第二，四个基本部分分工协作，形成全社会范围内职业教育的有机整体；第三，从职业教育系统内的视点看，需从认识和实践上突破各种束缚，与社会方方面面处理好关系，按职业教育固有的逻辑去办职业教育。从全社会的视点看，职业教育是社会大系统中的一个重要的子系统，必须举全社会之力才能办好这项事业。

第二节　职业教育模式

上述广义职业教育体系存在和运行的模式即为广义职业教育模式，它除通常所说的职业教育模式（培养模式）外，还包括职业教育的供求模式、服务保障模式和调节模式，是四个基本模式的统一。

一、职业教育供求模式

供求模式是需求体系与培养体系联系的方式。在我国计划经济时代，职业教育的供求关系是通过计划管理的方式实现和调节的。计划方式的弊病在于，经济社会是丰富多变的，而计划体制则往往是僵化而滞后的，随着计划经济的退出，职业教育的供求模式也发生了根本性的转变。随着社会主义市场经济的初步建立和不断发展，职业教育的供求关系也已初步建立起市场模式，一方面更好地满足了经济社会发展的需求，另一方面也促进了培养体系的发展，这是职业教育供求模式的正确选择。然而同我国正处在不成熟的市场经济阶段一样，职业教育供求的市场模式还不是很成熟，市场的不确定性和短期行为对职业教育也带来了负面影响，如何在尊重市场作用的基础上充分发挥宏观调控的作用，形成相对成熟的职业教育供求市场模式，将是今后历史时期的一项艰巨而又不可回避的任务。因此，计划模式、初级的市场模式、相对成熟的宏观调节下的市场模式是我国已经经历、正在经历和将要经历的职业教育的供求模式。

二、职业教育培养模式

从系统层次观的立场来看，职业教育培养模式可分为宏观、中观和微观这三个层面的模式，是三个层面模式的统一。

第一，宏观层面的培养模式可以称为办学模式，是指培养体系在职业人才培养过程中为了完成培养任务而与培养体系外的社会组织相互联系的方式。经梳理笔者认为，当前我国主要存在校本模式、企本模式（含行业模式）、双元模式以及近年出现的职教集团模式、职教园区模式（也可称为K域发展模式）五种基本模式。校本模式：指国民学历教育体系中多数初、中、高级职业院校等采取的培养模式，它的特点是学生学习过程中以校内学习和实训为主，学制最后半年（长的为一年）至相关的企事业单位实习，实习多为顶岗工作，学校一般不下大的精力去指导实习中的学生。随着培养工作的发展，也涌现了一些职业院校实行学生入学先去相关的企事业单位实习，然后再回到学校上课，毕业前再去实习的培养方式。企本模式即以企业为主体的职业人才培养模式，主要是存在于大型企业中的培训机构和技术学校的培养模式。这类培养机构主要是为企业内部培养人才，培养过程也是在企业内的培养机构和工作环境里完成的。行业办学实际上是企业体制的放大，办学主体是含众多企事业单位的行业，或行业与教育行政主管部门合办。双元制模式：该模式是从德国借鉴来的一种企业和学校双主体互补的培养模式，学生先由企业录取为预备职工，然后在学校和企业轮流学习与实训，学制完成通过考核后企业正式录取。职教集团模式：职教集团是多个职业院校与多个相关企事业单位以职业人才培养为纽带组成的办学联合体，它吸收了校本模式、企本模式和双元制、订单式培养等优点，有利于整合教育资源，优化资源配置，促进校企合作，推动职业教育规模化、集约化发展。职教园区模式：该模式也可称作区域发展模式，它是指将职业教育的发展和建设与区域经济和社会产业结构的发展紧密联系起来，与区域城乡建设和改造紧密联系起来，通过建设职教园区的方式整合职业教育资源，强化职业教育服务区域经济社会发展的培养功能，在这当中把职业教育做大做强，与区域经济社会发展形成良性互动机制。

第二，中观层面的培养模式也可称作入学模式，主要指职业教育培养体系与普通教育培养体系之间以及职业教育培养体系内不同层次之间在学生入学、学制等方面的运行方式。我国实行的入学模式比较单一：普通初中毕业生一部分升入普通高中，目的是升入普通高校；另一部分初中毕业生升入职高，目的是就业，只有少部分中职生以升入高职院校为目的。普通高中毕业生一部分升入普通高校，一部分升入大专层次的高职院校，少量中职毕业生升入高职；少量本科院校毕业生进入职业教育硕士、博士阶段学习，而高职毕业生基本没有可能进入这一阶段学习。这种相对简单和集中的三段式入学模式优点和缺点都比较明显，优点是管理比较集中，操作比较简单，易于施行；缺点是单一、刻板，职业教育与普通教育分割有余、交融不足：学生一旦进入中职学校基本上丧失了继续升学的可能，一旦进入高职院校也基本上丧失了读研的可能；普高生如果考不上高校也基本上丧失了系统地接受职业教育的可能。针对我国职业教育入学模式的缺陷，一些地区和学校进行了许多有益的改革探索，如综合高中制、单考单招制、高职专升本制，还有的在探索含普高、职高和大专诸要素的综合集成制办学等。

第三，微观层面的培养模式可称为教学模式，它是构成课程、教材并开展有效教学活动的特定范式。职业教育的特殊性决定了其教学模式的基本特征：从课程体系看，与普通高中以知识为本和普通高校以学科为本不同，职业院校坚持构建以职业能力为本的课程体系；从教学过程看，职业教育坚持行动导向的教学，即按照职业岗位工作过程的逻辑安排教学活动，在学中做，在做中学；从教学情境看，职业教育的专业教学情境尽量与职业角色工作情境相吻合，教学工作实际上是理论课堂、实训教室和社会实践场所三者有序转换的过程。

由上可知，职业教育的培养模式是办学模式、入学模式和教学模式三个方面（也是三个层面）的统一，办学模式解决培养方式问题，入学模式解决培养对象问题，教学模式解决培养方法问题。当然，确定培养模式的最终依据是由职业教育的性质决定的人们的职业教育理念。

三、职业教育服务保障模式

职业教育的服务保障体系是以服务职业教育为宗旨的由多个不同社会系统组成的体系，本不存在一个统一的运行模式，但随着社会的发展和职业教育事业的发展，职业教育服务保障体系的运行呈现出一些共有的特征。一是社会化特征，如后勤保障工作社会化、教学评估评价工作社会化、职业资质认定社会化等。二是常态化特征，比如教学评估工作已经形成比较固定的组织定期评估职业院校的教学工作。再如过去社会对职业教育的宣传大多是随着党和政府召开职业教育的某次会议或下发某个文件而掀起一次宣传高潮，而现在已经逐渐形成了常态化的宣传。三是规模化特征，由于职业教育在我国已经占到高中阶段和大学阶段教育的半壁江山，因此职业教育的服务保障体系也开始呈现出规模化的趋势，如职业教育研究机构除国家级、省区级、地市级及许多县级都设立了之外，近些年来众多高等院校都纷纷成立了职业教育研究机构。

四、职业教育调节模式

调节模式从层次上可分为微观调节和宏观调节。微观调节主要存在于培养体系和需求体系之间构成的人才市场，各个职业院校和培训机构根据市场需求去设置和调整不同专业，培养不同类型和数量的职业人才，从人才总量、质量和专业构成上满足市场的需求，政府及其教育主管部门仅从政策、利息、资源等方面给予支持保障，可见微观调节的主体是培养机构和市场两个方面。宏观调节则是由政府、培养体系、市场三个方面构成的。微观调节模式虽然具备灵活、直观等优势，但在我国职教体系和市场发展不完备的条件下，也存在明显的不足，它仅是在职教体系和市场发展比较充分的条件下的一种常态的调节方式。我国处在经济社会还不太发达的阶段，职教培养体系的建设、职教人才市场的培育、在全社会对职业教育的宣传、开展职业教育重大对外合作和交往等方面都主要由各级政府及其教育主管部门推动和支持。此外，宏观调节还有助于克服单纯市场调节带来的短期行为、局部行为的负面影响。需要指出的是，宏观调节与微观调节不仅是相互区别更是相互依存的，是有区别的统一。宏观调节的最终依据依然是市场，是整个经济社会发展对职业人的需求，不过这个市场是更加长远、更加广阔的市场。

第三节　影响职业教育体系和模式的主要因素

职业教育的体系和模式实际上就是职业教育的本体及其运行方式，是职业教育中至关重要的问题，我们不仅要"知其然"，还要"知其所以然"。我们知道，经济社会发展与职业教育辩证关系的规律是职业教育的基本规律，经济社会与职业教育之间既有决定与被决定的关系，也有作用与反作用的关系，现实中的职业教育尤其是职业教育的体系与模式是决定论与选择论的统一。

一、社会经济因素的影响

现代职业教育体系的出现是现代工业社会产生以后的事情，在此之前社会还没有完整的职业教育体系，生产知识和技能的传承以个别的、零散的师徒制的方式存在。随着现代大工业登上历史舞台，生产力的巨大潮流荡涤着社会的方方面面，新的社会体系产生了，职业教育体系就是其中的一个方面。总的来说，社会生产力的状况决定着职业教育体系的规模（与社会生产力规模相适应）、结构（与社会生产力结构相适应）、质量（与社会生产力水平相适应）和布局（与社会生产力布局相适应）。社会生产力状况不仅决定着职业教育体系的基本状况，还决定着职业教育的基本模式，即"产学结合"的模式。不同的生产力发展水平决定着不同的职业教育具体的培养模式，但不同的具体模式都离不开"产学结合"这个灵魂，这是无法逾越的，逾越了就不是职业教育了，这是职业教育基本规律使然。

二、社会政治因素的影响

社会政治是管理调节社会方方面面的主要因素，它对职业教育的影响显然不可小觑，发展中国家职业教育更是如此。自由竞争资本主义时期的职业教育主体多为行业和企业，国家各级政府职业教育的价值取向主要是发展资本主义经济。资本主义社会进入成熟期后，尤其在一些福利型国家，职业教育的价值取向除了促进经济发展外，促进就业和人的全面发展就成了一个重要的价值取向，各级政府在建立和完善职业教育体系和调整职业教育模式过程中有着举足轻重的作用，形成了政府、学校、企业和行业、社会共同参与的比较有活力的职业教育体系。实行计划经济的传统社会主义国家，办学主体是国家各级政府和国有大型企业、行业，职业教育体系和模式单一且缺乏活力，但其促进经济发展和人民就业，缩小三大差别的基本理念应该是没有问题的，问题是出在当时的社会体制和机制上。改革开放后我国走上了有中国特色的社会主义道路，经济领域实行社会主义市场经济，政治制度是社会主义民主与法治政治，在建设社会主义的初级阶段，逐渐形成了政府、学校、市场、社会四位一体的职业教育体系，在这一体系中政府起着主导作用。随着社会主义市场经济和职业教育培养体系的不断完善与发展，将来政府的主导作用将更加科学化、规范化和常态化，职教培养体系与市场和社会将越来越焕发出活力，形成在政府宏观调控下，学校（及其他培训机构）、市场和社会万马奔腾、生机勃勃的职业教育大发展局面。

三、社会传统的影响

传统是历史沿传下来的思想、文化、道德、风俗、制度以及行为方式等，对人们的社会行为有无形的影响和控制作用。中华文明具有五千年的传统并且一直延续到现在，这在世界文明古国中是绝无仅有的。她一方面创造出了光辉灿烂的文化，另一方面对人们的思维方式和行为方式有一种潜移默化的影响和控制。在职业教育问题上，这种影响和控制至少有三个方面：一是传统观念中的"官本位"思想使人们普遍地重视公办职业教育机构，轻视民办职教机构，职教体系中重视纵向的行政运作方式，轻视横向的市场和社会运作方式；二是传统观念中重学历出身的思想使人们比较重视国民教育系列中的职业教育机构（具有颁发文凭资格者），比较轻视时间短、针对性强的非学历职业教育；三是传统观念中"重道轻器"的思想使人们在对整个教育体系的认识中，重视研究型大学和普通高中，轻视职业院校和职业高中，进而重视研究型、研发型、工程型工作岗位，而轻视技术应用型、技能型工作岗位。清除文化传统对职业教育的不利影响主要靠两个因素：一是市场经济不断完善和发展客观上会逐渐减弱这些不利影响；二是职业教育充分发挥自己的主观能动性去对治这些不利影响，变不利为有利。比如针对重学历出身的观念，是否可以考虑授予高职毕业生副学士学位，扩大本科高职规模，在研究型硕士、工程型硕士外增设工艺型或技能型硕士学位，等等。

四、职业教育自身的因素

如果将上述对职业教育诸多影响因素看作是外部挑战的话，那么职业教育最终的发展状况还要看内部的应战能力，因此，从职业教育系统内的视角来看，练好内功是强化和优化职业教育体系和模式的基础。也就是说，从大范围看要举全社会之力兴办职业教育，从系统内来看要充分激发自身活力去推动职业教育发展。

第四节　现代职业教育体系的模式构建与创新

构建完善的职教体系是我国国民经济发展的必然趋势，只有实现中职、高职、本科到研究生之间的有效贯通，才能构建职业教育人才培养的"立交桥"。本节主要分析了我国职业教育体系构建方面的现状与问题，就如何构建科学、完善的职教体系提出了具体的对策。

一、现代职教体系构建的必要性

为贯彻落实《国务院关于加快发展现代职业教育的决定》（简称《决定》）精神，国家发展改革委、教育部、财政部等六部委组织编制了《现代职业教育体系建设规划》（简称《规划》）。该《规划》中明确提出到 2020 年，我国要构建具有世界水平及中国特色兼备的现代职业教育体系，打通中高本（中职、高职、本科）融会贯通的通道，促进中职、高职、本科及研究生等职业教育的协调发展，最终形成完善的具有科学性、可行性的现代职业教育体系，这项工作的实施不仅可以有效地促进我国职业教育的改革，也是我国职业教育事业能够健康发展的重要保障。

我国目前所提出的现代职业教育体系就是指为适应产业结构调整和经济发展方式转变的要求，以终身教育理念为基本宗旨，体现普通教育、职业教育及继续教育的协调发展，满足人们对职业教育的不同需求，打通由中职→高职→本科→研究生的上升通道，完成中高本之间的有机衔接，形成职业教育、普通教育及继续教育并存及融会贯通的现代职业教育系统。

科学完善的现代职业教育体系构建主要依靠各级地方政府、各类职业院校及高等院校的共同努力，具有多元立交、有机衔接、适应需求的特点。多元立交，就是指实现中职→高职→本科→研究生之间的相互贯通，构建职业教育人才的立体化培养；有机衔接，就是指中职→高职→本科→研究生的形式及内涵要真正衔接，在培养目标、培养标准、专业设置、课程体系、校企融合及评价机制等方面进行有机结合，切实提升人才的培养质量，增强人才的核心竞争力；适应需求，就是指要适应产业的转型及经济发展的要求，根据社会对人才的需求合理布局职业教育，实现职业教育的社会定位。

二、职业教育现状分析

1. 传统文化的影响

中华的传统文化历史悠久，其中儒家的传统思想对国人的影响尤为深刻。即使在当前，大多数中国人的传统思想还是认为"万般皆下品，唯有读书高"，而这里的读书基本上都是指普通教育，并不包含职业教育。重文凭、轻技术现象无处不在，老百姓在心里并不接受职业教育，认为职业院校毕业的学生都是工作在生产一线的蓝领工人，社会地位不高，有了这种思想必然会影响他们的选择。职业院校只是家长和学生最后的无奈选择，职业教育并没有得到学生和家长的认可，他们只是认为读个职业学校总比在家里闲着强，甚至有的职业院校学生在职业院校学习一段时间后又退学补习，重新参加下一年度的高考，以上情况导致职业院校的入学率较低，同时在职业院校就读的学生大多也是在中考或高考时考试分数相对较低的学生。如此便形成了职业院校的生源质量偏低、招生排序靠后、学习氛围不浓等现象，导致社会对职业院校的整体印象不好。

2. 职业教育的上升通道缺失

应用型本科的设置是职业教育发展的必然趋势，应用型本科应该是我国未来职业教育的主要组成部分，在培养模式上，这些高校将弱化学科体系建设，强化专业建设，培养技术技能型人才。当前我国的职业教育是个"断头桥"，职业教育体系中只含有中职和高职两个层次，培养的是技术技能型人才，学制比较短，无法进行学历学位的提升。目前我国也才开始准备开展应用型本科职业教育层次的实践，政策规划方面还没有涉及专业硕士、专业博士等更高层次的职业教育。当前我国中高职毕业生，选择继续深造的机会较少，大多数学生毕业后都是直接进入社会就业，只有很少的一部分学生才有机会选择继续深造，未来的个人发展也会常常受到学历等方面的限制。当然设置应用型本科、专业硕士、专业博士并不是一件一蹴而就的事情，它需要社会各方的努力和投入，而且职教体系的构建是一项系统工程，科学谋划、合理布局、有效转型才是这项工作的关键所在。

3. 中高本的衔接不到位

目前职业教育中，中高本的衔接并不到位，在当前的职业教育实施过程中，不同层次的职业教育在办学定位、专业布局、培养标准、课程体系、教材编制及使用等方面存在重复、脱节、不协调等现象。由于中职、高职、本科各自都是独立办学、各自为政，双方之间没有建立一个共享及协作机制，在培养层次、培养目标等方面相互打架，课程内容几乎相同；同时在课程体系设置方面并没有体现一个循序渐进的过程，学生在不同层次职业院校学习的内容几乎相同，造成职业教育资源的重复浪费，同时也浪费了学生的时间及财力，根本没有体现职业教育育人的层次性、上升性。

4.职业教育的教育质量偏低

社会经济的发展和产业结构的转型对我国的职业教育产生了极大的需求，我国的职业教育也迎来了前所未有的发展机遇，在为地方经济培养人才、提供服务的同时，职业教育本身也得到了蓬勃发展。一所学校的人才培养质量是其赖以生存的关键所在，相对于普通高等教育来说，我国高等职业教育起步较晚，存在经验不足、师资短缺等问题。我国大多数职业院校的办学模式及培养目标基本一致，专业设置的雷同性比较普遍，都没有形成自己的特色，也没有结合本地经济和产业的特点；同时，大多数职业院校的职业教育办学理念欠缺，在办学过程中仍然存在着重理论、轻实践的现象，办学模式和普通教育几乎没有差别，认为职业教育只是低于高等教育的一个层次；还有一些高职院校最初起步于中职教育，师资队伍力量薄弱，缺乏校企合作的平台，校企合作的深度和广度都有待于进一步加强，加上办学条件较差、设备不足、教学模式陈旧等因素，都会导致职业院校人才培养的质量不高，核心竞争力不足，不能适应地方经济发展和产业结构转型的需要。

三、现代职教体系存在问题的原因分析

1.社会因素

目前我国大多数的行业企业、学校和社会民众，对职业教育都缺乏正确的认识。客观事实是社会及教育主管部门对待职业学校也不是十分公正，职业院校的招生顺序在普通院校之后，职业院校由于优质生源的缺乏而导致学习氛围比较差；同时职业学院师资的理论水平及研究能力和普通高校的教师相比差距较大，社会大众也都认为职业院校教师的教学水平远低于普通高校；企事业单位在招聘员工时普遍追求高学历，在员工录用之前的资格审查过程中一般也倾向于选择普通高校的毕业生，通常会将高职院校的毕业生拒之门外，导致职业院校的毕业生就业率和就业质量都偏低，职业院校的学生就业形势比较严峻，职业院校也就成了考生和家长的最后选择。

2.政府因素

中高本的衔接与沟通是一项复杂的工程，离不开政府的宏观调控与引导，政府要充分发挥其"总规划师"的职能，但是目前在我国中高本衔接和沟通的实践中，政府并没有就政策扶持方面提出具体措施。例如，中高本在衔接过程中，在专业设置、课程体系和培养目标等方面没有形成统一的规划和管理，不同层次的职业院校在教材的开发和编制方面缺乏分类设计，不同层次的职业院校所选用的教材在内容及难度上基本雷同，根本没有体现学习的层次性和上升性，既浪费了时间和资源，也使得中高本的衔接和贯通毫无意义。

当然在衔接和贯通的实践过程中，仅仅由学校单独来解决问题是远远不够的，这时政府的顶层设计就显得相当重要。首先，政府应制定相应的制度，明确职业资格制度和就业准入制度的重要性及必要性；其次，政府相关部门要加强监督和管理，对不具备上岗就业条件就上岗的现象要进行有效制止和处理；最后，根据地方经济发展的需要及产业结构的特点，政府要组织职业院校、企业及科研机构来设计职业教育的布局及专业设置，形成中职、高职、本科融会贯通的通道。

江苏是一个教育大省，地方政府也很重视对科学的职业教育体系的构建与完善，并且从 2012 年开始就试点展开现代职教体系的贯通与衔接项目——中高职"3+3"分段培养项目、高职与普通本科"3+2"分段培养项目、中职与普通本科"3+4"分段培养项目、五年制高职与普通本科"5+2"分段培养项目等，现在正在试点高等职业院校与普通本科"4+0"联合培养项目。总之，要实现中高本人才培养的融会贯通，政府要首当其冲，政府的政策是中高本实现贯通的前提和保障，还是完善而科学的职业教育体系构建也都是空谈。

3. 学校因素

和普通院校相比，我国大部分职业院校的硬件和软件条件都比较薄弱，职业院校基本上都是由普通高中和中专改制而来的，这些改制的职业院校本身就有很多历史遗留问题。首先是职业院校的硬件条件欠缺。职业院校培养的学生是高技能应用型人才，学生的动手能力是人才培养的核心，但是要建设提供给学生开展实践教学活动的场所所需要的资金又比较多，这样就造成了职业院校的设施与设备无法满足教学的需要，严重阻碍了中高本的有效贯通与衔接。其次是职业院校老师的"双师"能力不足。大多数职业院校的授课教师都属于偏理论型的教师，教师基本上都是毕业后直接进入职业院校从事教学工作的，缺乏在企业一线工作的经历，实践动手能力较弱。现在很多高职院校所谓的"双师型"教师也仅仅是取得了职业资格证书，并没有实实在在地在一线工作过，缺少行业企业工作的一线经验，在教学中不能灵活地将理论知识与生产实践相融合，缺乏现场教学的经验和能力，学生对教师的认可度也不高。再次就是教学资源缺乏。虽然我国高职院校占据了高等院校的一半天下，但令人们质疑的是目前教学资源的缺乏是一个不容置疑的事实，优质化的教学资源是中高本贯通的核心要素和必要条件。这就要求教育主管部门必须以人才培养的目标为出发点，认识职业教育本身的基本规律，有计划、有目的、有意识、系统地按阶段逐步推进教学资源的建设活动，建立一大批优质的精品教学资源，满足中高本贯通模式下教学工作的需要。最后是人才的培养与市场脱节。各职业院校人才培养方案的制定根本没有考虑市场的需求，只顾自己办学，企业和行业的参与度不高，校企融合的深度与广度都欠缺，职业院校培养的人才与企业和社会的需求之间差距较大。

四、构建现代职教体系的对策

1. 设定连贯的中高职培养目标

构建完善的职业教育体系的关键就是不同层次职业院校培养目标的制定。从事职业教育的相关机构在制定中高本贯通项目的培养目标时，首先要考虑社会行业对职业教育人才的需求，其次还要考虑中高本之间衔接和贯通的可行性及持续性。职业院校在培养人才的过程中，作为学校这个办学主体，一方面要考虑职业教育的社会行业需求，另一方面也要考虑学生的升学愿望及个人未来发展的设计。因此，在构建现代职业教育体系实践中，要依据统一的标准来制定中高本的培养目标，这个统一标准要兼顾职业院校毕业生就业和个人学历上升的双重需要。在具体实施过程中，教育主管部门应该制定相对统一的中职、高职、本科专业目录，保证职业教育培养目标的循序渐进和有效衔接，让中高本贯通有据可依，学生在进入职业教育时就能够对自己的未来一目了然。

2. 加强中高本贯通的内涵建设

在我国职业教育体系的运行过程中，中高本衔接模式其实就是一种学历的提升，和以前实施的专升本、专转本等形式在内涵方面基本上没有本质区别。尽管前期我国政府、高职院校、行业企业在中高本衔接的实践中做出了很多工作，但是我国中高本衔接还仅仅是一种形式上的衔接，也就是简单的学历提升。我国在构建职业教育体系实践过程中，一方面在培养目标上并没有实现真正的衔接，中职在制定培养目标时没有兼顾到高职的培养目标、高职在制定培养目标时并没有兼顾到本科的培养目标；另一方面，学生所学的课程内容也没有实现真正的提升，高职院校重复着中职所学的内容、本科重复着高职所学的内容，并没有实现内涵式衔接与过渡。

在中高本沟通体系的构建过程中，为实现贯通的内涵建设要做到以下几点：首先应根据中高本的专业大类，在制定培养目标时要兼顾中高本人才培养的层次性、渐进性；其次在课程体系的设计方面，中高本要根据人才培养的基本规律，制定相互衔接的课程标准，确定合理的教学顺序和实施路线，体现由低到高、由易到难的一个循序渐进的过程，避免课程内容的重复与浪费；最后校企平台的搭建也要体现层次性，中高本学校应根据不同的人才培养目标选择合作企业及校企合作的模式，在选择合作企业时要统筹兼顾，体现中高本毕业生的职业需求。

3. 构建贯通的中高职衔接的课程体系

中高本职业院校所设置课程之间的相互承接是中高本衔接项目能否有效实施的核心和基础。课程衔接的内涵其实就是课程之间的相互分工、相互承接的一种有机结合的状态，课程设置是一项系统工程。首先，应确立一体化职业教育理念。在设计职业教育标准体系过程中，应把职教体系中的中高本作为一个整体来看待，把职业标准贯穿于中高本一体化教学过程中。现在不同层次的职业院校在设计课程体系时都是各自为政，没有相互协调与统一，造成在职业教育体系中的不同层次，学生所学的内容基本相同。其次，科学制定课程标准。通过课程标准来确定课程所应涵盖的内容，明确中职、高职、本科各自培养学生所适应的岗位群，根据岗位群的需求来设计课程内容，这样不同层次的职业教育课程内容就能得以区分。最后，体现课程评价的层次性。在职业教育过程中，要突出职业能力培养的重要性，理论水平和实践能力在考核中要同时占比，同时要改革以往"一考定终生"的模式，采用过程考核和期末考核相结合的方式，并给予过程考核和期末考核不同的占比，来综合考核学生的学习情况及知识与技能的掌握程度，体现考核的科学性和实用性。

4. 构建中高本衔接的通道

一直以来，我国职业院校的学生毕业后大多数都是直接进入社会就业，只有很少数是选择继续学习，所以职业教育通常也被人们看作"终极教育"。不是说职业院校的毕业生不想继续深造，而是职业教育缺乏一个上升的通道。在我国，职业教育通常被看成是与普通教育并进的另一条平行线，二者无法汇合，若能搭建中高本衔接贯通的"立交桥"，将会改变"终极教育"现象，提升社会对职业教育的认可度和接受度，职业教育的吸引力也会得到加强。但是构建中高本衔接贯通的"立交桥"，首先需要学生、家长的认可，其次还需要政府政策的顶层设计、学校积极调整专业、行业企业的支持与合作等。根据发达国家的先进经验，职业教育体系通道通畅的关键是要建立完善的职业资格证书制度和学分互认制度，即职业院校的学生毕业时，在学校修满基本学分，就可以毕业，这时他们既可以选择进入社会就业，也可以选择到高一层次的院校继续深造，原有学分继续有效。我国也有学者提出"构建大立交"的设想，即特设专门的快车道：中职→高职→本科→研究生一体化教育，学生进入中职以后，根据其自身愿望，可以完成高职直至本科及研究生教育，这项工作全面开展有一定的难度，政府可以在某些专业、某些院校进行试点与实验，取得效果后再进行推广与实施。

构建完善的职教体系是我国职业教育发展的必然趋势。这项工作的开展需要由政府、社会、学校的共同参与和努力来完成，只有不断地探索与实践，我国的职业教育才能真正地服务于地方经济的发展和产业结构转型的需要，我国的职业教育才能迎来更美好的明天。

第三章 高等职业教育实践教学管理模式

第一节 国外四大职业教育模式

一、德国的双元制

（一）德国双元制的简介

德国的"双元制"是一种成功的职业教育办学模式，为德国的经济腾飞做出了不可磨灭的贡献，对保证德国劳动者的高素质、产品的高质量，以及德国国民经济在国际上的持久竞争力发挥了非常重要的作用。

所谓双元，是指职业培训要求参加培训的人员必须经过两个场所的培训：一元是指职业学校，其主要职能是传授与职业有关的专业知识；另一元是企业或公共事业单位等校外实训场所，其主要职能是让学生在企业里接受职业技能方面的专业培训。所谓"双元制职业教育"就是整个培训过程在工厂企业和国家的职业学校进行，并且这种教育模式又以企业培训为主，企业中的实践和在职业学校中的理论教学密切结合。

（二）德国双元制的产生

"双元制"职业教育最早产生于1897年，这是因为产生于中世纪的学徒培训制度在19世纪发生了深刻的变化：一是出现了以帮助学徒提高普通基础知识和职业理论水平为目标的职业进修学校；二是出现了它与企业的教学车间共同承担学徒培训任务的萌芽，从而有了校企合作教育产生的基础。

（三）德国的教育体系

德国的教育体系十分完备，大体包括基础教育、职业教育、高等教育和成人教育四大类。职业教育在整个教育体系中，占有重要地位，是学生升学就业的主要渠道。学生小学毕业后进行第一次分流，分别进入普通中学（5～6年制，大多数学生毕业后进入职业学校）、文理中学（一般为9年制，为升入普通高校做准备）、实验中学（介于普通中学和文理中学之间）和综合中学（前三类学校的综合）四类学校，从而初步确定了今后就业升学的基本方向，目的性比较明确。初中（5 或 6 年制）毕业后实行第二次分流，根据不同职业的要求、学生及家长的意愿，一部分学生升入文理中学高中部（具备升入高等学校的资格），由于职业学校就业优势明显，大部分学生则选择到职业学校（或企业培训）接受"双元制"职业教育，使德国职业教育得到了大规模发展。

在法律制度上，德同强调了职业教育的重要地位。1969 年，德国颁布了《职业教育法》，对就业者上岗前和上岗后的培训（转岗培训）、培训企业和受培训者的关系以及双方的权利和义务、培训机构与人员的资格、实施培训条例的监督和考试、职业教育的组织管理和职业教育研究等，都有明确的规定。《职业教育法》对德国的职业教育起了极大的推动和促进作用。

此后，德国又相继出台了与之相配套的法律法规，诸如《企业基本法》《培训员资格条例》《青年劳动保护法》《职业教育促进法》《手工业条例》《实训教师资格条例》等，使职业教育真正做到了有法可依、依法治教、违法必究，以法律形式保障了职业教育的管理和运行，促进了职业教育健康有序地发展。在操作上，按照德国职业教育法的规定，严把"就业者必须先接受正规的职业教育"这一关，不经过正规职业培训，不准进入职业生涯。据统计，在实际生活中，95% 的就业者遵守了这一法律规则。

（四）德国"双元制"的本质

德国双元制模式的本质在于，向年轻人提供职业培训，使其掌握职业能力，而不是简单地提供岗位培训。德国双元制模式不仅注重基本从业能力、社会能力而且特别强调综合职业能力的培养，更加注重的是综合职业能力。

德国双元制模式所培养出的综合职业能力是一种跨职业的能力，对我们未来的发展起着关键作用。通过德围双元制模式培训的学生，可以胜任其职业领域里的所有工作任务，而不仅仅局限于某一工作岗位的任务。他们在掌握了业务能力的基础上，还学会了大量基础知识以及有实用价值的社会能力，其适应能力也得到了大大地增强，为人生道路做了坚实铺垫。

德国双元制模式不但具有较强的技术鲜明性、超前性，而且更注重培养学生的职业道德。通过培训使学生获得了宽广的知识技能而，具备了较强的社会适应性和市场竞争力。

（五）德国"双元制"的特点

"双元制"职业教育模式主要具有以下特点。

1. 理论教育和生产实践紧密结合

双元制职业教育培训的学生，绝对是企业所需要的人才。因为双元制职业教育形式下的学生，在整个职业教育中，大约 40% 是普通教育课程、60% 是专业课程。除了在学校接受最实用的理论知识外，其余大部分时间是在企业进行实践操作技能培训，他们在企业接触到的是目前使用的最先进的设备和技术，培训在很大程度上是以生产性劳动的方式进行的，从而减少了学习费用并提高了学习的目的性，这样有利于学生在培训结束后快速进入工作岗位。

2. 普通教育和职业培训相结合

德国各类教育形式之间的随时分流是一个显著特点。在基础教育结束后的每一个阶段，学生都可以从普通学校转入职业学校。接受了双元制职业培训的学生，也可以在经过一定时间的文化课补习后进入高等院校学习。近年来，有许多已取得大学入学资格的普通教育毕业生也从头接受双元制职业培训，力求在大学之前获得一定的职业经历和经验。

3. 政府出资和企业的广泛参与相结合

德国约有 48 万家企业有培训资质，它们拥有自己的培训基地和人员。没有能力单独按照培训章程提供全面和多样化的职业培训的中小企业，也能通过跨企业的培训和学校工厂的补充训练或者委托其他企业代为培训等方式参与职业教育。

在德国的双元制教育中，企业培训起着主导的作用，职业学校只起着配合和服务的作用。而他们的企业培训，则又分为企业内培训和跨企业培训。企业内培训可分为五大类：一是工业教学车间培训，这是企业内培训中质量最高的培训，多数在主要或大型企业中进行，其主要特征是培训与生产过程分离。二是非系统的工业培训，主要在中小型企业中进行。其主要特征是培训与生产过程联系密切，大都在生产车间中进行。三是传统的手工艺培训，其主要特征是培训与生产过程联系最密切，教学全在生产现场进行。四是办公室和服务业的系统培训，通常由大企业或行政机关负责，其主要特征是把职业学校的理论教学与企业或行政机关的实践培训联系起来，增加与实践相关的理论知识的教学比重。五是办公室和服务业的非系统培训，主要在中小型企业和办公室进行，其主要特征是通过实地操作来学习。近年来，德国又兴起了跨企业培训。跨企业培训是由若干个企业联合起来进行培训，也有一些地方当局参与其中，一些职业学校的教学车间也用于跨企业的培训。跨企业培训在各职业领域中的分布很广，而且占有一定的比重。

4. 专业培训和严格考核相结合

在德国，培训是学校和企业的事，而考核，却是行业协会的事。按照《企业基本法》的规定，学生在学校接受理论学习，在企业进行了岗位培训，完成了所学的课程和实践操作任务后，要到行业协会进行资格考试。一般情况下，行业协会指派 5 人担任考官，对学生进行理论和实践的全面考核。考核合格后，发给资格证书。这种考核办法，体现了公平的原则，使岗位证书更具权威性。[1]

1　陈静，李听. 德国双元制职业教育特点及启示. 鄂州大学学报，2011.

二、北美的 CBE

（一）北美的 CBE 简介

以美国、加拿大为代表的能力本位教育（Competency Based Education，简称 CBE），产生于二次大战后。其核心是从职业岗位的需要出发，确定能力目标。通过学校聘请行业中一批具有代表性的专家组成专业委员会，按照岗位群的需要，层层分解，确定从事行业所应具备的能力，明确培养目标。然后，再由学校组织相关教学人员，以这些能力为目标，设置课程、组织教学内容，最后考核是否达到了这些能力要求。

它强调以能力作为教学的基础，而不是以学历或学术知识体系为基础，对入学学员原有经验所获得的能力经考核后予以承认；强调严格的科学管理，灵活多样的办学形式。随时招收不同程度的学生并按自己的情况决定学习方式和时间，课程可以长短不一，毕业时间也不一致，做到了小批量、多品种、高质量。从而打破了传统以学科为科目，以学科的学时体系和学制确定的学时安排教学和学习的教育体系。以岗位群所需职业能力的培养为核心，保证了职业能力培养目标的顺利实现。

（二）能力本位教育的产生和发展

以强调岗位能力为核心的能力本位教育思想形成于美国的 60、70 年代。20 世纪 60 年代，在美国的课程改革运动中，人们把对当时教育质量的不满归结为教师的教育、教学能力不足。于是要求改革师范教育，以提高教师与教学有效性的能力。1967 年，能力本位教育被提出来以取代传统学科培养教师的师范教育能力的旧方案。这种方案主张将对教师工作分析的结果具体化为教师必须具备的能力标准。到 20 世纪 70 年代，能力本位教育思想日渐成熟并开始运用到职业教育和培训中来，并被广泛应用于北美和世界其他一些地区的职业教育和培训中，其中尤以北美盛行。

但当时人们对"能力"本质的理解非常狭隘，是行为主义的，即根据一系列具体的、孤立的行为来界定"能力"，等同于"操作能力""动手能力"，而这些行为往往与一项项被细致地分解的工作任务相联系，其目的在于使能力能够被明确地陈述出来。

显然这里的"任务"即"能力"。当人们意识到即使一个人能够完成已经明确规定的任何细小任务，他也不一定就能成为一名成功者时，这种理念很快就被人冷落了。

到了 20 世纪 80 年代中后期，能力本位的教育和培训理念又重新兴起，并且成为世纪之交职业教育和培训改革的主导理念，这与产业界强烈要求提高劳动者的职业能力相关。当时的企业界普遍反映，现行的职业教育与就业需求不直接相关的现象十分严重，只注重知识与理论的获得，而非实际的操作能力。他们认为，受训人员在岗位上所表现出来的实际操作能力才是职业能力的体现，职业能力包括专业能力、方法能力、社会能力等。

时至 20 世纪 90 年代初，能力本位职教思潮又经加拿大的引介登陆中国。由于能力本位职业教育显著的优越性，它引起了世界范围内的广泛关注，一度成为世界职教教学改革的发展方向，和国际上颇为流行的职教改革思潮。

（三）能力本位教育的基本内容

1. 出发点

能力本位教育以全面分析职业角色活动为出发点，以提供产业界和社会对培训对象履行岗位职责所需要的能力为基本原则，强调学员在学习过程中的主导地位，其核心是如何使学员具备从事某一职业所必需的实际能力。它是以从事某一具体职业所必须具备的能力为出发点来确定培养目标、设计教学内容、方法和过程、评估教学效果的一种教学思想与实践模式。由于各国或各学校对能力本位教育的理解不同，所以在实践中的具体做法也不尽相同，因而能力本位教育在不同地区或机构被视为一种"学习过程的管理""职业技术教育的系统开发计划""课程开发模式"或"教学模式"。

2. 四方面

能力本位教育中的"能力"是指一种综合的职业能力，它包括四个方面：与本职相关的知识、态度、经验（活动的领域）、反馈（评价、评估的领域）。四方面均达到才构成了一种"专项能力"，专项能力以一个学习模块的形式表现出来。若干专项能力又构成了一项"综合能力"，若干综合能力又构成某种"职业能力"。

3. 五大要素

能力本位教育的五大要素：

（1）以职业能力为教育的基础，并以之作为培养目标和教育评价的标准；以通过职业分析确定的综合能力作为学习的科目，以职业能力分析表所列专项能力的由易到难的顺序安排教学和学习计划。

（2）以能力为教学的基础。根据一定的能力观分析和确定能力标准；将能力标准转换为课程，通常采用模块化课程。

（3）强调学生的自我学习和自我评价。以能力标准为参照，评价学生的多项能力，即采用标准参照评价而非常模参照评价。

（4）教学上的灵活多样和管理上的严格科学。通常采用适应个别化差异的个别化教学。

（5）授予相应的职业资格证书或学分。

（四）能力本位教育的影响与评价

1. 影响

由上可知，能力本位教育的最大特点是整个教学目标的基点是如何使受教育者具备从事某一种职业所必需的能力，因此目标很具体、针对性强。为了做到这一点，就必须要强化行业用人部门和学校教育部门间的紧密合作。同时，由于在制定教学计划时把各项岗位要求进行系统分析，再组成一系列教学模块或单元，使不同起点、不同要求的受教育者都能根据自己的情况取舍，所以具有很大的灵活性。对沟通职前和职后的培训，正规和非正规教育都有好处。在教学组织管理上也自然突出了个别化的特点。

2. 优势

与传统的职教教学模式相比，能力本位教育具有四方面的优势：能力本位职业教育的教学目标明确，且针对性和可操作性强；课程内容以职业分析为基础，把理论知识与实践技能训练结合起来，打破了僵化的学科课程体系；重视学习者的个别化学习，以学习者的学习活动为中心，注重"学"而非注重"教"；反馈及时，评价客观，为标准参照评价。不过能力本位职教思潮的优势特色中也存在着自身的局限性：在教育目的上存在着重视行为、忽视品德的倾向；在教育方法上强调针对具体工作进行培训，使日后的职业迁移性和继续学业受到影响。

3. 评价

能力本位思想孕育着崭新的教育评价尺度和配置人力资源的重要原则，它不同于传统的知识本位、学科本位的职教价值观，它为职业教育体系改革提供了新的思想动力。在能力本位思潮影响下采用的一些方法手段，如进行职业分析、按应备能力设计教学内容、发展产学合作的教育形式等也有效地缩小了职业教育与经济发展的距离。尽管能力本位职教思潮日益为素质本位、人格本位职教思潮所取代，但它的基本思想、它对能力的强调至今仍有市场。

三、澳大利亚的 TAFE

（一）澳大利亚的 TAFE 简介

TAFE 是澳大利亚政府直接领导下的技术和继续教育的简称。它是澳大利亚政府为了解决学校人才培养与就业市场之间的接口问题而建立的一个教育体系，是建立在终身教育理念基础上的具有鲜明特色的职业教育制度，旨在为各行业培养有实际工作能力的人才。

澳大利亚的技术与继续教育学院设有 11 所学院，129 所专科学院，共 50 多万名学生和 2 万多名教职工。TAFE 是全国性认可与互通的职业培训教育体制，虽然各州的 TAFE 有它们各自的行政体系、课程设置，但它们的性质和特点是一致的，主要提供专业技能的训练课程，大部分课程都具有实用性。TAFE 的很多课程是与工业团体共同开办的，课程设置根据工业集团的需要开设，以确保提供最切合实际的训练和最新的专业信息。TAFE 所有的文凭资格是全国互通与承认的，专科文凭课程也受到各大学的认可，这些学生在继续攻读大学学位时可以免修部分学分。

TAFE 学院招生没有年龄限制。在澳洲，政府鼓励人们不断学习。学生群体中既有十几岁的中学毕业生，也有七八十岁的老人，只要你学习，TAFE 就给你提供一切机会和便利。

TAFE 学院的职业教育和培训种类繁多，为劳动者提供所需技能培训，包括专业、非专业、高级技师、技师及操作员等不同层次。澳大利亚政府规定各个行业中，技能要求高的工作岗位必须持有职业证书才能就业，即使是大学本科以上学历的毕业生，也必须先取得 TAFE 培训相应证书，才能就业。而且在澳洲，各行业都有自己的职业标准和相应的培训标准，在职人员都要定期参加相应的职业培训，以便不断更新知识，掌握本行业的培训标准，掌握本行业的最新技术和了解本行业的最新发展动态。

（二）IAFE 的机构设置

由于澳大利亚的教育行政体系均为各州管理，所以不同的州在机构设置上也略有差异。一般来说，TAFE 的组织机构分为三个层次：由行业代表为主组成的国家、各州管理 TAFE 的组织机构（国家培训管理局和州教育培训部）及 TAFE 学院院级董事会。国家管理局的成员由教育部长任命，任期为 3 ~ 5 年。由各行业代表为主的国家和各州管理机构对 TAFE 发展过程中的各项重大问题做出宏观决策，进行宏观布局，规定和调整办学方向，如适应就业市场、满足企业需要、争取经费等。院级董事会对学院的办学规模、基建计划、人事安排、教育产品开发、经费筹措等进行研究和做出决策。资金由州政府提供。

（三）TAFE 的培养目标及文凭体制

TAFE 不仅提供职业教育、技术教育、继续教育，还提供高等教育、成人教育和社区教育等。学生层次从中学到本科乃至研究生不等。近年来，由于技术与继续教育的飞速发展，TAFE 还增设了硕士和博士学位课程。学生拿到硕士学位以后，还可以继续攻读博士学位，但硕士课程和博士课程较少。学生拿到高级证书后，可直接进入悉尼理工学院（u9s）攻读学士或更高一级的学位。

（四）课程设置及培训对象

TAFE 的课程设置可称得上是多样化、灵活化。TAFE 的专业及其课程是根据社会发展、行业需要、社区需求开设的，其中有金融、银行、贸易、商业、信息工程、建筑、旅游、烹饪、缝纫、营销、娱乐、汽修、交通运输、媒体、艺术、室内装潢等，范围之广是任何培训团体所不能比拟的，学生可注册的课程达近千种。每年可为全日制和非全日制学生提供约 450 门课程进行选修，每年有 56000 名不同年龄、不同社会背景、不同国家的学生在 TAFE 注册。课程设置随着行业需求进行削减或增设，如果培养出来的学生不被行业接受，此课程马上停止。课程评估分三个层次进行：课程委员会、注册委员会、国际标准。TAFE还可依据各行业制定的职业标准和相应的培训标准，派人与企业内专职培训教师共同研讨、制定培训项目，经公司认可后，由TAFE照此实施。

TAFE的培训对象包括：中学毕业生、高中毕业生、社会青年、在职人员和非在职人员、残疾人、少数民族、留学生，甚至还为在押犯人提供技术培训。培训方式有职前培训、在职培训、脱岗培训、行业培训。

（五）教学模式和评估方式

TAFE学院的教学模式是以学生为中心，实践第一。TAFE各学院设有实践课和理论课，但以实践课为主。课堂教学以实践为主，理论为辅。大部分职业培训都是以现场教学代替课堂教学，如参加汽车培训的学员都是在实习场地而不是在课堂进行学习。教师进行现场教学，边讲解边指导，学生根据教师讲解的内容和指导进行实际操作，如拆装、修理、安装、喷漆等。缝纫培训的学生操作间和教室设在同一场地，教师讲授完之后，学生可马上进行实际操作，把传授的知识当场用于实践中。学生学习的过程就是实践的过程，实践的过程就是学习的过程。不论是理论课还是实践课，他们的课堂教学模式均是以学生为主体，以实践为主线，以提高实际能力为目标。

TAFE学院通常都没有固定的教材。课程设置、教学内容、培训专业都是根据地方经济、社会需求、行业需要等设置的，教师根据联邦政府国家培训管理局和州教育培训部总体规划及评估内容和标准选择教材，调整教学内容。这给了各学院极大的灵活性和自主性，同时，学制和学习时间都采用灵活机动的方式，给学员提供了极大的方便。能力培训是TAFE职业培训体系的主要特色，其培养目标不在于学生在课堂教学过程中学习了什么、学会了什么、掌握了哪些理论知识，而是学生经过培训后能够做什么。所以对学生的评估不仅仅着眼于学生知识的考评，而更注重实践考核，强调学生的动手能力、实践能力和操作能力。考试一般为现场实际操作，评估者根据其效度、速度、操作中的应变能力等进行全面审核和评估，所以评估过程具有极强的实践性。

（六）TAFE的主要特色

TAFE职业教育的主要特色可归纳为以下几个方面：

（1）职业能力为本位的人才培养模式。TAFE学院着重培养学员的职业能力，以便使其较快适应社会职业岗位的需要。

（2）灵活的职业教育体系。TAFE的课程安排既有阶段性的又有可连续性的，学员可以在不同时期，针对不同需求选择相应的课程，可以通过学分的认证，灵活地在证书、文凭或者提高个人品位等方面自由选择；学生修读TAFE课程后可升读有关大学学位课程，承认已修的课程，学分可以转移。

（3）学术资格得到普遍承认。TAFE学院所举办的各种课程均得到了澳大利亚政府的承认，学员按教学计划完成规定课程的学习后，获得职业资格证书和文凭，澳大利亚政府给予承认，同时获得所有英联邦国家的认可。

（4）学员年龄不受限制。学生入学基本上没有门槛，学员年龄分布在14~70岁之间，但对证书和文凭的管理很严格。一些本科生为了就业，还需重新到TAFE学院学习。

（5）针对不同的学习对象和课程类型，采取各种灵活的方式、方法和手段开展教学工作，基本上做到了从以教师的教学为主向以学生的学习为主设计教学模式的转变。

（6）与企业紧密合作。企业帮助学校建设培训基地，提供最先进的设备，负责教学质量评估等，为TAFE的发展和确保教学质量奠定了坚实的基础。TAFE学院为企业培养实用型人才。

四、英国的BTEC

英国BTEC职业教育是一种在中等、高等职业教育和人才培训方面有高效性的职业教育模式，在关键技能教育的拓展方面有着卓越的表现和权威性。现在世界上有一百多个国家采用BTEC课程。

（一）英国的BTEC简介

BTEC（Business & 。Technology Education Council）是英国著名的职业资格授予机构之一——商业与技术教育委员会的简称，成立于1986年。同时，BTEC也可以作为该机构颁发的职业资格的简称。BTEC于1996年与伦敦考试与评估委员会合并为爱德思Edexcel Foundation（下文简称爱德思），BTEC资格证书遂改由爱德思国家学历及职业资格考试委员会颁发。爱德思是英国教育部授权成立、监管的机构，从事学术教育、学历评审以及资格认定等工作。它是国际性教育组织，全球共有100多个国家的57000所教育机构操作运行爱德思的课程，其颁发的BTEC证书被世界大多数国家所认可。

目前英国的BTEC课程分为文凭课程（Diploma）和证书课程（certificate）两类，从级别上分为初级（First）、中级（National）和高级（Higher National）三个级别。共涉及9个大类、上千门专业，涵盖许多实用领域，如设计、商业、护理、电脑、工程、酒店和餐饮、休闲和旅游等。其资格证书通过在学校、学院或大学以及工作场所的学习予以获得。而BTEC（HND：Higher National Diploma）属于高级文凭类的职业资格证书，称"英国国家高等教育文凭"。英国很多大学在开设大学本科学位教育的同时，还单独开设BTEC（HND）课程。BTEC（HND）作为英国国家高等教育文凭在英国的教育系统中具有特殊的地位。在大学全日制学习BTEC（HND）的学生能够与那些攻读学位的学生一样得到同样的支持与资金。而BTEC（HND）具有学习时间短、学习费用少的优势，因此，相当一部分英国家庭经济条件不是很好的学生选择学习BTEC

课程。在英国的各企业，他们更希望接收BTEC毕业的学生而不愿意接受大学毕业生，因为前者具有直接上岗工作的能力，企业没必要再花费时间和金钱为他们进行上岗培训。

（二）BTEO 职业教育模式的特点

英国BTEC职业教育是世界上具有广泛影响力的职业教育模式，其主要的特点表现在以下几方面。

1. 培养目标明确，突出通用能力培养

"通用"的含义不是针对某一具体的职业，而是从事任何工作的任何人要获得成功所必须掌握的技能，即跨职业的、可变的、有助于终身学习的、可发展独立性的能力。BTEC明确要求培养学生的七种能力：自我管理和自我发展能力、与人合作共事能力、交往和联系能力、安排任务和解决问题能力、数字运用能力、科技运用能力、设计和创新能力。通用能力作为BTEC证书课程的核心课程，并不采用单独开课的方式，而是落实在所有课程的教学活动中，有计划、有步骤地培养学生。

BTEC课程教学的最大特点是强调以通用能力和专业能力作为教学的基础、培养目标的成果和评价的标准，这与传统的教学模式强调以学科为中心的、按学科体系来进行知识的传递有很大的不同。

2. 教育理念现代化，倡导以学生为中心

与传统教育相比，BTEC确立了一种新的教育理念，以学生为中心的核心理念成为BTEC管理者和教师的共识。考核发证主管部门在这一指导思想下开发课程、设计教学目标，教师在这一理念下从事教学活动。BTEC强调学生是学习的主人，强调学生的自主学习，学校应为学生的学习服务。教学过程重视学生的个性发展，鼓励个人潜能的开发。BTEC的教学大纲、教学方法、"任务法"的考核评估方式以及完善的学习支持系统的建立等都体现了以学生为中心的思想。

3. 教学方法的多样性和创新性

在BTEC课程教学实施过程中，强调以学生为中心，采用多种多样的教学方法，如课堂讨论、实践实习、社会调查、实地参观、课业、扮演角色、演讲、口头报告、书面报告、自我评价、小组活动、收集资料等。BTEC课程教学活动充分重视学生的学法，在教学方法中，明显突出了学生的主体地位，改变了传统教学中重视教法的模式，其课程教学大纲明确规定了课程的专业能力、通用能力目标和教学时间要求，这里的学时数的安排主要是考虑学生如何学，而不是考虑教师如何教。BTEC采取以学生为中心的"三个三分之一"的教学组织形式，即三分之一课堂教学，三分之一查阅资料、收集信息，三分之一社会实践。将理论教学与实践教学、课内与课外有机结合起来，有利于拓展学生视野，扩大活动空间，加深实践体会，提高学习效果。

4. 师资素质要求高，教师转换传统的"教授"角色，承担"导"的角色

BTEC 课程教学要求教师充分发挥管理、指导、服务、组织的作用。为此，教师必须创新，如编写教材的创新、教学过程的创新、课业评价上的创新等。讲授 BTEC 课程的教师要有一定的教学经验和实际工作经验，开设 BTEC 课程的教师必须经常充实自己，不断提高专业水平和英语教学水平，成为一支专业化的新型教师队伍，为学生提供经得起外部审核、认可的，高质量的专业课程。

5. 考核评估方法独特，以课业为形式，以证据为依据，以成果为标准

BTEC 考核评估的目的是考核学生解决实际问题的能力，主要通过课业的完成过程全面评估学生学习达到了什么专业能力，并测试通用能力的发展水平。所有这些都以成果作为教学评价的依据，而不是以最后的考试作为唯一考核依据。BTEC 以平时课业（如案例研究、作业、以实际工作为基础项目等）作为考核的主要形式，给予课业以举足轻重的地位。

6. 教学质量监控体系完备，内部和外部审核相结合

BTEC 课程教学要求学校建立全方位的质量监控体系，采用内审和外审相结合的方式进行监控管理。内审员是学校内部质量的主要责任人，由一线教师或专人担任；外审员由爱德思指定人员担任。其中，BTEC 课程教学的内审制度非常严谨，既体现目标管理又体现过程管理。它既有教务管理的职责，又有教研室管理的职责。如果内审员不能履行内审职责，会在外审时暴露出来并且不予通过。通常爱德思每学期将组织专家对学校、教师和学生进行审查考核。如有不足的地方专家将给予指定，对于最终不能达到标准的学校，将会被取消其办学资格。内外结合的方式保证了评价的真实性和可靠性，也确保了教学质量。

7. 统一标准课程，颇具国际通用性

BTEC 课程以单元（Unit）为单位。每个专业由若干个单元组成，单元分必修（Core Units）和选修（Option Units），既有统一要求，又能适应不同专业发展方向的需求，非常便于学习者灵活选择。BTEC 没有正式的最低入学资格要求，学习者可以连续，或间断完成证书所规定的各门课程。通常学习时间为两年，经考核后可以获得由英国爱德思颁发的 HND 或 ND 文凭。

8. 注重市场需求分析，课程具有职业性

BTEC 课程内容与职业需求紧密相连，主要表现在：在设置 BTEC 专业时，要开展市场研究，以明确市场的职业需求；在开发教学大纲时，课程开发专家要以雇主协会制定的职业资格标准为基础；在教学过程中，BTEC 还要求将预定单元内容与当地实际情况相结合；BTEC 以职业活动为线索来组织自己的课程内容，使得 BTEC 课程在更大程度上满足职业的现实需求，学生能满足行业企业的实际需求。

（三）对 BTEO 职业教育模式的评价

1. 教育理念的可操作性

BTEC 课程的教育理念概括起来就是"以能力为本位，以学生为中心"。BTEC 课程有了一整套成熟的、可操作的体系，目标非常明确。其主要是两种能力的培养，即通用能力和专业能力。这样，BTEC 课程的能力培养相当具体化，对于教师来讲，具有很强的可操作性，相当的务实。

2. 教育过程的透明性

（1）把职业技术教育的专业教学与社会上各种职业及职业活动过程紧密联系起来，从而使教育过程有利于企业、社会的参与，职业教育成果也便于社会检验。

（2）BTEC 课程的透明性表现在它的教学文件、设备资源都有详细地计划、说明。

（3）在人手一册的学生手册上会告知他们所享有的权利和相应的服务，有关课程内容的说明，以及成绩的评定标准是什么学生都一清二楚，甚至对教师给的成绩不满的申诉过程都会有详细的解释。

3. 教育评价的科学性

BTEC 课程教育评价的最主要途径就是对课业的完成情况进行成绩评定。成绩分成优、良、通过、重做四种。在评价标准上 BTEC 课程坚持客观性与开放性。客观就是重解决问题的过程。如资料选择的可靠、实用，解决方法的设计合理，有独到见解；开放就是指评价标准是相对的。这样能够给学生充分的发展空间，正因为没有绝对标准，也就不会有顶峰和止境，激励学生奋发向上。

第二节　我国现代职业教育体系框架的建立

随着科学技术的发展以及新型工业化的推进，现代职业教育体系越来越成为国家竞争力的重要支撑。为适应地方经济社会发展的需要，满足人民群众多样化的职业教育需求，我国已初步形成了由初等、中等、专科、本科到研究生的有机衔接；普通教育、职业教育、继续教育相互沟通的现代职业教育系统。如图 3-1 所示，为普通教育、职业教育和继续教育形成的教育体系框架。

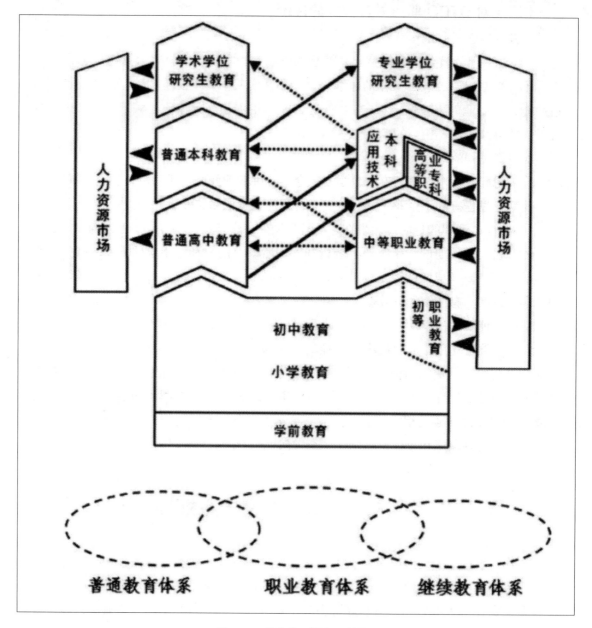

图 3-1　教育体系框架示意图

　　按照终身教育的理念，形成服务需求、开放融合、纵向流动、双向沟通的现代职业教育体系框架，基本实现了教育部发布的现代职业教育体系建设规划。

一、职业教育的层次结构

（一）初等职业教育

　　在有需要的地方继续办好初等职业教育学校。在各类职业院校、培训机构和用人单位内部开展实用技术技能培训，使学习者获得基本的工作和生活技能。

（二）中等职业教育

中等职业教育在现代职业教育体系中具有基础作用，为初高中毕业生开展基础性的知识、技术和技能教育，培养技能人才。中等职业教育是职业教育发展的重点，在今后一个时期应总体保持普通高中和中等职业学校招生规模大体相当。

（三）高等职业教育

在办好现有专科层次高等职业（专科）学校的基础上，发展应用技术类型高校，培养本科层次职业人才。应用技术类型高等学校是高等教育体系的重要组成部分，与其他普通本科学校具有平等地位。高等职业教育规模占高等教育的一半以上，本科层次职业教育达到一定规模。建立以提升职业能力为导向的专业学位研究生培养模式。根据高等学校设置制度规定，将符合条件的技师学院纳入高等学校序列。

二、职业教育的终身一体

（一）职业辅导教育

普通教育学校为在校生和未升学毕业生提供多种形式职业发展辅导。普通高中应根据需要适当增加职业技术教育内容。职业院校和普通教育学校开展以职业道德、职业发展、就业准备、创业指导等为主要内容的就业教育和服务。

（二）职业继续教育

各类职业院校是继续教育的重要主体，通过多种教育形式为所有劳动者提供终身学习机会。企事业单位举办职工教育，建立制度化的岗位培训体系。社会培训机构是职业继续教育的重要组成部分，依法自主开展职业培训和承接政府组织的职业培训。

（三）劳动者终身学习

增强职业教育体系的开放性和多样性，使劳动者能够在职业发展的不同阶段通过多次选择、多种方式灵活接受职业教育和培训，促进学习者为职业发展而学习，使职业教育成为促进全体劳动者可持续发展的教育。

三、职业教育的办学类型

（一）政府办学、企业办学和社会办学

建立政府、企业和其他社会力量共同发挥办学主体作用，公办和民办职业院校共同发展的职业教育办学体制。政府实行统一的准入制度，办好骨干职业院校，支持社会力量办学。各类主体兴办的职业院校具有同等法律地位，依法公平、公开竞争。

（二）全日制职业教育与非全日制职业教育

增加非全日制职业教育在职业教育中的比重，发展工学交替、双元制、学徒制、半工半读、远程教育等各种灵活学习方式的职业教育。通过改革学制、学籍和学分管理制度，实现全日制职业教育和非全日制职业教育的统筹管理。

（三）学历职业教育与非学历职业教育

职业院校同时开展学历职业教育和非学历职业教育，满足行业、企业和社区的多样化需求。职业院校和职业培训机构开展的非学历职业教育可以通过质量认证体系、学分积累和转换制度、学分银行和职业资格考试进行学历认证。

四、职业教育的开放沟通

（一）职业教育体系内部

系统构建从中职、专科、本科到专业学位研究生的培养体系，满足各层次技术技能人才的教育需求，服务一线劳动者的职业成长。拓宽高等职业学校招收中等职业学校毕业生、应用技术类型高等学校招收职业院校毕业生通道，打开职业院校学生的成长空间。在确有需要的职业领域，可以实行中职、专科、本科贯通培养。

（二）职业教育与普通教育

建立职业教育和普通教育双向沟通的桥梁。普通学校和职业院校可以开展课程和学分互认。学习者可以通过考试在普通学校和职业院校之间转学、升学。普通高等学校可以招收职业院校的毕业生，并与职业院校联合培养高层次应用型人才。

（三）职业教育与人力资源市场

职业院校按照经济社会发展的需求确定人才培养的规格层次、专业体系、培养方式和质量标准。畅通一线劳动者继续学习深造的路径，增加有工作经验的技术技能人才在职业院校学生中的比重，建立在职人员学习—就业—再学习的通道，实现优秀人才在职业领域与教育领域的顺畅转换。

第三节　当前高职教育实践教学存在的问题及改革办法

一、高职教育实践教学的初步成果

随着我国高职教育的不断发展，高职院校积累了一定的办学经验，也进行了诸多实践教学管理模式的改革，实践教学管理意识不断增强，取得了不少阶段性的成果，主要体现在以下几个方面。

（1）制订较高水准的人才培养方案，明确实践教学课时、教学内容、教学手段、教学方法。

（2）初步将实践教学管理与职业资格证书中所包含的职业素质相衔接。

（3）结合具体情况，制定整合实践教学管理制度，对人、财、物全面管理，使管理意识不断强化。

（4）开始重视实践教学质量监控。

（5）成立专门的实践教学管理部门。

二、高职教育实践教学存在的问题

虽然，目前我国高职教育发展取得了令人瞩目的成就，但我国实践教学管理与发达国家一百多年的职业教育管理相比在管理理念、管理模式、管理方法等方面仍有明显差距。比如国外高等职业教育的实践教学管理不仅早已上升到系统的课程管理，而且已经把管理学中的系统论、控制论等相关原理引入了实践教学管理中，确立了涵盖全部实践教学环节的全方位的质量管理机制。而我国高等职业教育起步晚，实践教学和理论教学都面临诸多问题。

主要有以下几个方面的问题：

1.实践教学管理组织机构设置不够合理

通过对部分高职院校的实地调研和对其校园网站上相关资料进行分析得知，在实践教学管理中，高职院校目前普遍采用的是统一管理的实践教学管理模式。高职院校教务处设立了专门的实践教学管理部门，负责校内外实验实训教学管理，制定学院实践教学管理规章制度以及各项实践教学管理工作，如校内外实验实训教学管理、毕业设计管理、实验室与校内外实训基地规划与建设工作等。

组织机构的设置相对简单，缺乏学院层面的统筹和统一管理，没有形成自上而下的独立的实践教学管理组织体系，使得教务处在开展实践教学活动时常力不从心，与教学部门沟通和协调不畅。

在学院层面，没有专门负责实践教学的机构，个别院校即使设置了校企合作办公室，在实际的运行过程中极少参与学院实践教学活动，形同虚设；在教学系部层面，大多数教学系部尚未将实践教学的管理从系部教学中分离出来，没有专门负责实践教学管理的部门，这种管理的混乱也给教务处的实践教学管理带来了一定的困难。

2.实践教学管理制度不够完善

制度是指实现某种功能和特定目标的社会组织乃至整个社会的一系列规范体系。实践教学管理制度是为实现实践教学目标而制定的一系列规范体系，建立实践教学管理制度的作用在于通过对实践教学过程的各个环节人、财、物的激励与约束，保障实践教学的顺利开展。

从高职院校实践教学管理来看，学院制定了部分实践教学管理制度，如《实践教学经费管理办法》《顶岗实习管理暂行办法》等，但缺乏针对校内外实训基地的管理，学生实验、实训教学管理，实习教学管理，实践教学的考核与成绩评定、实践教学的档案管理，以及实践教学师资管理等一系列具体而完整的实践教学制度体系。即便有些学校在课程、教学、师资、实习实训方面有规章制度，但对于制度的合理性、可行性方面的研究较少，有些只是建设性的意见，缺少执行力。这些问题导致了实践教学管理的混乱和无序。

3. 实践教学的教学过程管理薄弱

在工学结合人才培养模式下，高职院校的实践教学管理难度加大，尤其是实践教学环节的过程管理、考核与评价等，面临着诸多难题，学生在工作岗位上的实习内容与在校学习的教学内容不同，甚至存在部分学生所从事的实习工作与其专业不对口的情况，各高职院校普遍缺乏独立的实践教学质量考核评估体系，实践教学质量监控处于低水平。

4. 实践教学场所职业氛围不浓

工学结合的教育模式需要把"真实的工作"和"实践教学"真正地联系起来，把它与课程改革、实训基地建设、师资建设等结合起来，使学生觉得现在的学习和将来的工作只不过是换了一个地方而已。目前部分高职院校的校园内外实践教学场所职业氛围不浓，校企合作的深度不够。

5. 思想和观念相对落后

高职实践教学思想和观念还相对落后，对于实践教学管理思想观念的转变也非常滞后。一方面，高职院校受传统办学模式的影响，存在对实践教学在高职教育中的意义缺乏足够的认识，总是跳不出传统的以学科为中心的教学模式的框架，对于实践教学管理更是没有摆到应有的地位，严重影响了高职院校人才培养地质量。另一方面，高职院校的管理方式仍受普通本科院校组织结构的影响。高等职业教育与普通本科教育相比，其培养目标的职业性、教学过程的实践性，特别是教学资源需求的开放性决定了高职院校不能简单地移植普通本科院校的组织结构。高等职业院校必须面对企业、市场进行广泛服务，才能提高竞争能力。因此，必须根据高职院校培养目标和教学特点，构建符合实践性和开放性需要的实践教学管理机构。

三、高等职业教育实践教学模式改革办法

高等职业教育人才培养的目标定位是以服务发展为宗旨，以促进就业为导向，培

养数以亿计的高素质劳动者和技术技能人才。高等职业院校应紧紧围绕这一目标，结合学院发展现状和办学特色，遵循职业教育的教学规律，加强实践教学，努力提高学生的实践动手能力和创新意识。加强对学生实践能力的培养有助于学生更好地适应当地社会经济发展对人才的要求，有助于提高学生的创新创业能力，也有助于提高职业院校的人才培养质量，能够更好地为地方产业转型升级服务，符合时代发展的要求。下面，针对高等职业教育实践教学存在的共性问题，谈谈对实践教学模式改革的思考和探索。

（一）树立可持续发展的高职教育教学理念

实践教学是我国高职教育实施的核心和关键，是实现高职教育人才培养的重要途径。随着社会主义市场经济的发展及产业升级转型等对人才需求的变化，高职教育在整个高等教育体系中发挥的作用越来越大。当前正值国家大力推进高等职业教育发展的大好时期，高等职业院校应该紧紧跟随高职教育的发展形势，不仅要更新观念、提高认识，更要解放思想、积极冲破传统的教学模式，在教学体系的建立中将实践教学的地位和理论教学摆在同一个高度。在高职教育的整个过程中不断转变教育思想观念，从而保持教育管理思想的先进性、科学性，坚持与时俱进，不断创新改革高等职业教育模式。树立可持续发展的高职教育管理观念，持续提升职业院校人才培养质量，为实现国家经济社会发展转型提供有力的技术技能人才支撑。

（二）组建职责明晰的实践教学管理机构

实践教学管理机构的顺畅运行是高职实践教学模式改革的基础保障，这就要求实践教学管理机构应该具备职责明确和结构清晰的基本特征。根据高等职业院校开展实践教学的特点，应该建立以学校统筹、院系组织和实训中心实施的三级组织管理机构，实现实践教学分级管理、明晰职责、重心下移的教学运作管理体系。在学校统筹层面，以教务处下设实践教学科负责组织全校实践教学计划的制定，统筹校内外各院系实践教学资源的优化配置，制定校内外实训教学管理原则，督查各院系实训教学计划的开出情况及质量监控与考评等；在院系组织层面，各院系主任亲自主抓实践教学的整体规划和管理，结合各院系实际情况合理调配师资人员和教学设备，加强实践教学环节的组织，根据教务处提出的实践环节教学标准，创造性地开展实践教学模式改革，提高实践课程的开出率和实训资源的利用率；在实训中心实施层面，各实训中心是最基层的实践教学单位，具体实施实践教学模式改革的各项要求。实训中心主任直接管理和监督实践指导教师的教学工作，组织同行进行听课和检查，对实践教学的教学状况进行质量评价，促进实践指导教师教学水平的提高，从而形成以教务处负责从整体上统筹管理、院系负责组织协调、实训中心负责执行的科学、规范、责权利相统一的管理模式。

（三）建立完整的实践教学内容体系

构建一套完整有效的实践教学内容体系是全面提高实践教学质量的基础保障，也是探索实践教学模式改革的一项基本措施。构建实践教学内容体系要紧紧围绕各专业人才培养目标和结合职业技能鉴定标准，制定各专业人才培养方案，既要遵循学生认知发展的基本规律，又要体现各专业实践技能的构成及要求，平均各专业实践教学比例应该占到总教学计划的 60% 以上。根据制定的人才培养方案，要求实践指导教师编写实践教学大纲，对每个实践教学环节、项目化的教学目标、要求和教学形式等进行规范化。在开展实践教学工作中根据教学效果不断对实践教学大纲进行更新调整，充分利用先进的信息化教学手段，增加最新的技能操作知识，建立完整的实践教学内容体系，促进高职教育人才培养质量的提高。

（四）建立科学的实践教学评价标准

实践教学评价体系可以对实践教学过程、实践教学组织、实践教学质量、实践教学效果实行全面评价。出台一系列规章制度和管理细则，包括实验室工作质量考核条例、实验课程质量评价体系和教学质量监控制度、教学优秀奖励制度和教学改革管理办法等。鼓励学生对教师进行评价，通过实行领导和督导考评、同行互评、学生考评的全方位实践教学质量评价办法，反馈实践教学质量，保证实践教学管理的有序性和有效性，对实践教学工作进行有效调控。

高等职业教育实践教学模式的改革是一项系统而又复杂的工程，高职教育与其他类型、层次的教育相比更要强调实践性，这既是高职教育的教学特点所在，也是培养技术技能型人才的基本保证。只有把实践教学管理放在首位，才能充分发挥实践教学在提升学生能力素质方面的作用。尽管在实践教学模式改革的各环节中已经摸索出大量成功经验，但由于高职实践教学模式改革复杂而多变，所以，高职实践教学模式改革的其他理论与实践问题还有待进一步研究和探讨。

第四节　高等职业院校育人管理模式

随着社会经济的不断建设与发展，当今社会对大学生的专业素养要求及思想政治水平的要求也在不断提高，很多缺乏社会实践渠道的大学生在毕业后就面临着失业的风险。作为人才培养基地的高等职业学校也随之迎来了巨大的挑战，为了让大学生更好地适应新的社会环境，高等职业学校必须积极根据当前社会对大学生的需求来确定合适的育人模式。一个合适的、科学的育人模式对于人才质量的培养及教学效果的保障，有着至关重要的意义。

如何创新地全方位地提升大学生的职业精神及技术技能水平，创新育人模式；同时为了更好地实现中华民族的伟大复兴，如何奠定雄厚的人才基础，便成了高等职业院校面临的重大课题。

一、高等职业院校普遍的育人模式

（一）工学结合模式

（1）工学结合是一种专门增强大学生综合素质、实践技能及提高就业竞争能力的育人模式，其重点在于将学校课堂、企业用人单位、实训试验基地中各自对人才培养的优势进行结合，达到最大化的人才培养效果，以充分地将学生在学校课堂上学到的各类知识运用到企业实习及实训中，并在企业实习与实训中获得新的知识，从而达到提升学生全方面能力的效果，使学生成长为一名高技术、高素质、经验丰富的劳动者。

（2）工学结合育人模式与传统教学模式相比，它是以学生为行动主体，以学校和企业用人单位为教育主体，有着工作学习齐头并进、明确目标导向、顶岗实习、生产与学习融为一体等特点；侧重实践，以明确任务为行动方向，以实践实训为主要教学形式，以加强学生主观能动性为主要目的，是一种强调把教育、学习、行动融为一体的育人方式。

（3）工学结合的育人方式虽然效果好，但对于学校的要求也很高。如今，许多高等职业院校在教学实践环节，多以书面上的例子来进行验证及模拟，这种模式极度缺乏真实性，学生难以产生学习兴趣，对学习的积极性和主动性不够强烈；加上部分任课教师都是毕业后直接上岗的，本身就缺少实践经验，难以起到有效的实践分享效果；工学结合还对企业用人单位的需求很高，需要高校与企业用人单位紧密结合，没有大量的企业用人单位资源，工学结合模式便难以开展。因此，工学结合模式虽好，但相对应的要求也高，难以进行普及。

（二）订单式模式

（1）订单式育人模式是一种以企业用人单位为主体，学校根据企业用人单位的需求来组织培养相应人才，实现产销链接、对口培养的一种模式。订单式人才培养是一种十分复杂的模式，因为企业用人单位的多样性，导致该种模式变动性极大、涉及因素多，其根本在于高等职业院校与企业用人单位共同培养人才，根据市场需求和学生自身专业能力，以高等职业院校为桥梁构成的联系来服务经济建设。

（2）订单式育人模式与传统模式相比较，优势在于高就业率，因企业用人单位全程参与人才培养，所以也具有很强的针对性，高等职业院校与企业用人单位双方同时选拔学生，结合双方有效资源来进行人才培养、评价考核，最后录选合格人才到企业用人单位就业。这种有针对性的培养模式，其人才培养的方向、目标及规格一般由校企双方共同商定。

（3）订单式育人模式也有着很大的局限性。首先，高等职业院校必须有与时俱进的办学理念，根据市场需求能准确地对学生开展针对性的培养。其次，对于地方企业用人单位的支持需求也很高，高等职业院校对地方企业用人单位的认知程度必须全面；同时还要全面地了解当地经济与产业结构，这样才能将人才灵活调度。最后，因企业用人单位市场的多样性，订单式育人模式的教育也要多样地进行开展，所以对实行订单式育人模式的高等职业院校，其基础条件要求比较高，因此，订单式育人模式很难推广运用。

（三）三位一体模式

（1）三位一体育人模式就是将人才培养规格融合知识、能力、素质三位为一体，人才培养内容融合通识能力、专业基础能力、专业发展能力三位为一体，人才培养途径融合课堂教学、实验实训、校园文化活动三个培养平台为一体。

高等职业院校实行三位一体模式以党和国家的教育方针为核心，带领学生面向社会、市场及就业，根据当前社会主义市场经济背景下的教育思想、经济发展、价值观念、社会进步的实际需求来培养学生。

该模式以学校对学生的知识教导为主导，以企业实习教育为载体、以从事社会实践活动为辅助，将学校、企业和社会三个学习场所进行结合，彼此交融，将学习资源最大化地利用起来。通过学校开展理论教学、在企业中进行实践教学、从社会活动中获得评价从而知悉自身水平，培养出有道德、有理想、有文化、有纪律、实践能力强的全能型高技能专业人才。

（2）三位一体育人模式与传统模式相比，在理念上更贴近党和国家的教育方针，是一种坚持以高职教育为社会主义现代化建设做贡献，将人才投入人民群众中去为人民服务，将社会实践与发展相结合，从而全面提高大学生各项素质的育人模式。

该模式将学校、企业、社会三个办学主体合一，坚持以开放性、多样性为育人原则；同时在育人机制上，体现了符合我国高等教育 21 世纪以提高就业率为导向、以服务人民群众为宗旨、以提高大学生自身能力为旨要的基本规律，是现今最理想的高等职业院校育人模式。

二、高等职业院校普遍育人模式的特点

（一）普遍特点

（1）育人模式是将教学的理论知识和实践知识运用到社会生活中的一种形式，是为了将学生培养成理想人才的重要环节，是高等职业院校通过将教学内容传输给学生，然后以学生步入社会实践当中获得的成就为依据，总结出的一套相对稳定的运行框架，

高等职业院校在根据实践进行总结后，不断地将自身的育人模式进行更新，因此，高等职业院校育人模式拥有不断创新的特征。

（2）高等职业院校的育人模式由多方面内容组成，多项因素彼此相互促进、相互制约、相互影响，形成了一个具有综合性特质的框架。且育人模式是教学理论及社会实践相互验证后的产物，随着社会的不断发展，育人模式更新换代速度快，但目的仍然是加强人才培养，为社会发展做出更大的贡献。

因此，根据社会对人才的不同需求，分为不同的育人模式，如侧重人才素质培养理念、侧重人才专业培养理念、侧重教学制度体系、侧重实践教学等，这说明高等职业院校育人模式还具备着多样性的特性。

（二）独特特点

（1）高等职业院校是我国教育事业的重要组成部分，主要肩负着为国家培养生产、服务、建设及管理等方面的专业技能人才的使命。

不同于本科院校育人模式侧重于理论知识系统教学，高等职业院校育人模式更重视与社会接轨，为社会经济输送大量第一线高技能专业人才，侧重于学生的职业素养和技能培养，其育人模式更具有鲜明的职业性特征。

（2）高等职业院校主要是以培养实用型技术型人才为主要目标，其知识主要以能用、实用的专业知识为主，这类知识更侧重于实际应用，根据实际需要，与实际相联系，与生产和社会需求相结合。因此，高等职业院校育人模式相较于本科院校而言，其特色便是实践性和应用性。

三、高等职业院校育人模式存在的问题

（1）高等职业院校的发展历史相对于本科院校而言，经历的时间短很多，因此导致理念上不太成熟，又因高等职业院校侧重于为社会培养第一线的高技术人才，因此更执着于短期内培养实用能力强的人才，更关注学生的就业率，对于学生的心理健康及人文精神培养方面力度显然不够。

（2）忽略心理健康及人文精神培养，便等于失去了教育本身的真正内涵，加上高等职业院校与本科院校的教学一样以教师、课堂为中心点，以班级为基础，以学科为根本，因此，很难凸显高等职业院校应有的职业性和实践性的特色。

（3）高等职业院校的目的虽然是为了培养学生掌握某一种专业知识、能力，拥有一技之长，但是对于教育的本质也应该加强关注。除了凸显高等职业院校的职业性与实践性外，对于人文精神的关注也不能落下，否则仅仅是培养专业服务机器人的机构，不是一个有灵魂的高等职业院校。

（4）教师队伍的建设有待加强，在高等职业院校中，教师队伍的整体素质明显低

于本科院校，主要体现在学历及动手能力上，大多数教师的实践工作时间偏少，特别是青年教师更是缺乏专业的实践经验和必要的专业技能。有经验、有技能的骨干教师和有专业教学能力的教师人数不足以支撑整个高等职业院校，因此师资力量是高等职业院校必须重视的一环。

（5）高等职业院校的学生关于就业的观念不够科学，大部分学生不能明确地认识到自己所学专业与就业岗位之间的关系，不能明确自己就业岗位的主旨在于提高社会生产力，为人民、为社会服务，不能明确地了解自身对于社会发展的重要性。

再加上青少年的攀比心，导致高等职业院校培养出来的学生，多数将理想的就业岗位定位于科研、高薪资、轻松的工作环境等，对工作期待过高，对岗位要求讲待遇、讲条件，不能准确地意识到社会对高等技术人才的迫切需求，这就导致了社会上大量的技术岗位空缺，而大量技术类的学生没有找到心仪的工作而失业，因此做好学生就业的思想工作也是高等职业院校必须注重的一环。

高等职业院校育人模式，是经过多年教学理论与社会实践相结合的产物，重点在于对学生进行专业性能、社会实践经验的培养，根据不同的社会经济发展需求，育人模式永远是高等职业院校重要的课题。在保障高等职业院校育人主体的前提下，对于学生的人文教育、心理健康建设也不能放松，为社会运输人才是根本，培养全面型人才是基石。

第四章　高等职业教育实践教学体系的建设

第一节　高职教育的教学计划

教学计划是学校保证教学质量和人才培养规格的重要文件，是组织教学过程、安排教学任务、确定教学方案的基本依据。教学计划既要符合教学规律、保持一定的稳定性，又要不断根据社会经济、人才需求、科学技术的新发展，适时、适度地进行调整和修订。高等教育的教学计划是按专业制定的。

一、高职教育的专业设置

高等教育都是专业教育，都是以专业为依托进行的。专业设置是社会需求与高职高专实际教学工作紧密结合的纽带，是高职教育与社会需求的结合点，是以服务为宗旨，以就业为导向的重要体现。专业建设使学校教学工作主动、灵活地适应社会需求的关键环节，是学生"出口""入口"畅通的根本保证，是高职院校办学质量的重要标志。

（一）专业设置的依据

1.区域经济的发展状况

专业设置首先必须充分体现本地区和周边区域产业、企业的特点，把面向企业、面向基层、面向第一线，培养行业和企业发展需要的各类技术应用型和现场管理型人才作为办学的根本目的。每一所高职院校在确定专业设置时，都应该充分考虑学校所在地的区域经济，根据社会的有效需求，因地制宜地设置专业。

所以，以市场为导向，满足区域经济建设和社会发展的需求是高职高专教育的专业设置、调整的一个重要依据，只有这样做，专业建设才具有针对性和灵活性。

2.市场人才需求状况

院校确定专业设置必须调查人才市场供求情况，必须了解正在形成的新职业和工作机会，掌握当前胜任岗位工作的技术人才数量。高职院校要始终瞄准市场对人才的需求状况，按照市场需要确定相应的专业。相反，虽已具备充分办学条件或已积累了足够的教学经验，但只要市场相关人才已经饱和甚至超大型饱和，就必须撤掉有关专业，创建或改造成新专业，不然就会造成人才积压，生源匮乏，办学就会陷入困境之中。

3. 院校办学条件

在考虑地方经济建设和社会发展状况以及市场人才需求状况的同时，也必须考虑院校自身实际条件。如没有条件，就不能保证教学效果，无法完成教学目的，无法保证毕业生质量，最终将影响学校声誉，影响未来的招生和办学。所以，专业设置必须要遵循高等教育规律，正确处理需要与可能、数量与质量、当前与长远等方面的关系。要妥善处理社会需求的多样性、多变性与学校专业教学工作的相对稳定性之间的关系，以利于提高教育质量和办学效益，形成合理的专业结构和布局，充分发挥学校自身的优势，努力形成自己的特色专业。

（二）专业设置的程序

（1）在进行广泛的社会调查的基础上，针对行业和职业岗位（群）对人才的需求情况，提出专业设置的意向。

（2）根据行业和职业岗位（群）对人才专业知识、能力、素质结构的要求，制定拟设专业的人才培养计划。

（3）成立校企联合办学或产学合作组织以及专业建设指导委员会等机构。

（4）在学校原有办学条件的基础上，筹备拟设专业所必需的办学条件。

（5）经过充分的调研、论证和筹备以后，由学院于每年9月底前报省教育厅，省教育厅10月底前组织专家对学院申报的专业进行实地考察、评议。

（三）专业申报过程中的注意事项

（1）高职高专的专业名称要反映人才培养的目标规格、业务要求和服务方向，体现高职高专特色。专业名称尽量用全国高职高专指导性专业目录中的名字，以便于校际间的交流及学生的继续深造。

（2）组织申报材料时要认真学习上级文件，深刻领会高等职业教育的内涵，保证申报材料的规范性。

二、高职教育的教学计划

教学计划是人才培养目标、基本规格以及培养过程和方式的总体设计，是人才培养方案的重要体现，是学校保证教学质量的基本教学文件，是组织教学过程、安排教学任务、确定教学编制的基本依据。高职教育的特色与属性，很大程度上是由教学计划来体现的。

（一）教学计划的要素与结构

一个完整的教学计划中有以下几个要素：专业培养目标及规格、课程设置、教学环节、学时安排与学分分配等。各要素相互联系和制约。

专业培养目标规格规定着学生的知识、能力、素质的要求，决定着课程的设置和内容的取舍，规定着对学生的要求，决定了教育教学的各个环节。根据各个专业的不同，有计划地设置教学计划培养目标，是高职院校教学工作的基础性工作，在日常教学工作中发挥着重要的作用。培养学生对所学专业的兴趣、爱好，结合各专业的特色，将所学知识融入今后的工作当中，能够从事相关专业的工作，完成实用型、技能型、复合型专门人才的培养。

课程设置是教学计划的主要内容，是培养规格在课程上的反映，是实现培养目标的根本保证。在课程的设计、要求等方面，应注意共性和个性的有机结合，充分考虑学生在基础、兴趣、特长、能力等方面的差异对教学的不同要求。按照课程性质，课程一般分为：必修课和选修课，必修课包括公共课、基础课和专业课；选修课的开设因校而异。

教学环节是教育、教学过程中不同的活动状态。包括课程性教学环节（课堂教学、实验、课程设计、毕业设计等）、非课程性教学环节（入学教育、毕业教育、就业教育、实习及社会调查等）。

学时数及学分表明了学生在各个教育、教学环节上投入的时间和精力。

（二）制定高职教学计划的依据

1.对高等职业教育的认识是制定教学计划的前提

教学领域的改革首先应是教育思想、教育观念的更新和改变。首先应在教育观念上取得共识，才能保证高职教学计划的特色。

2.深入的社会调查和职业岗位分析是制定专业教学计划的基本依据

制定具有高等职业教育特色的教学计划，以就业为导向应从调查职业岗位入手。要跟踪毕业生的动向、业务工作范围与工作情况；调查职业所辖范围的工作领域和技术领域，绘出专业工作岗位群，研究这些岗位群的知识能力和技能结构，从而有针对性地设置课程和实践性的教学环节，从而形成教学计划。这样才能实现以能力培养为主线的教学计划，体现高等职业教育的特色。

3.对职业能力的分析与分析是制定专业教学计划的基础

职业能力是高等职业教育培养的目标，这是一个总目标。为了制定好教学计划，必须将这个总目标分解成若干子目标（各项综合能力），然后将各个子目标分解成各个专项能力。这个过程要有教学人员及熟悉职业能力的专家参入，这是制定教学计划的基础。

4.根据知识结构、能力结构设置课程是制定专业教学计划的特色所在

根据知识结构设置课程，首先要确定专业课，按专业课需要的理论设置基础课，

包括公共理论课、专业基础理论课以及作为该专业必须具备的知识课程。这是从职业需要而不是从学科理论体系出发。根据能力结构，进一步具体规定学生应掌握的实践技能，从而确定实践教学环节。知识课程与实践环节紧密结合，制定出教学计划。

（三）教学计划设计要点

1.培养规格要处理好专业化与人的全面发展的矛盾

专业化是高等教育的本质特征。但市场经济条件下，人要适应不断变化的劳动需要。高等职业教育是一种培养人的工作，培养全面发展的人应从一种教育理想成为学校教育的改革实践。制定教学计划必须全面贯彻国家的教育方针，正确处理好德育与智育、理论与实践的关系，正确处理好传授知识、培养能力、提高素质三者之间的关系。要注重全面提高学生的综合素质，实现教学工作的整体优化，切实保证培养目标的实现，致力于人的可持续发展。

2.课程设置上处理好各类课程的比例关系

高职的教学分为专业理论教学和专业实践教学。专业理论教学以应用为目的，以够用为度。要加强实践教学环节，增加实训、实践的时间和内容，实训课程可单独设置，以使学生掌握从事专业领域实际工作的基本能力和基本技能。理论教学与实践教学的比例为 6：4 或 5：5。

3.在教育教学环节设计上，以优化人才培养模式为目标，处理好传授知识与培养能力的关系

合理的知识、能力结构及与之相适应的课程体系为高质量的教育教学提供了可能性，要把这种可能性变成现实，必须借助于精心设计的教育教学环节。各个教育教学环节在人才培养中的地位、作用以及他们的活动方式及相互联系构成了高校的人才培养模式。在人才培养中起组织性作用的要素就是知识与能力的关系，所以在优化人才培养模式时必须处理好传授知识与培养能力的关系。知识是能力的基础，重视能力培养并不意味着削弱知识的传授。在设计各教育、教学环节过程中应有这样一个思路：能力培养要贯穿教学全过程，在传授知识的过程中培养能力，在运用知识的过程中形成能力。

4.在学时与学分分配上要处理好精简学时与课程体系的矛盾

3 年制高职专业的理论教学总学时控制在 1600 至 1800 学时左右，教学活动总学时数控制在 3000 学时左右。总的原则是要保证主干课程，加强选修课程，稳定公共课程。如某高职院校公共选修课的比例占到 4%，专选课占到 6%，选修课的比例过小，不利于学生的个性化培养。

5.修改教学计划要贯彻产学结合思想

产学结合是培养高等技术应用型专门人才的基本途径，教学计划的制定和实施过

程应主动争取企事业单位参与，充分利用社会资源，有条件的学校应与企事业单位共同制定和实施教学计划。

6. 从实际出发，办出特色

教学计划是在国家和地方教育行政部门的指导下，由学校自主制定的。学校应从本校的实际情况出发，自主制定教学计划，积极探索多样化的人才培养模式，努力办出特色。只有具有了特色，专业才具有生命力，培养的人才才具有竞争力。

三、教学计划的管理

（一）加强教学计划管理的意义

在高职院校教学管理中，教学计划是首要环节。加强教学计划管理，对于加强职业院校内涵建设，提高教学质量具有极其重要的意义。

1. 加强教学计划管理为院校组织教学和管理教学提供有力的制度保障

教学计划作为教育教学活动开展的基础，其制定的科学性、执行的严肃性直接影响着教育教学质量，决定着培养目标的实现。

2. 加强教学计划管理为院校监督、检查教学活动工作的开展提供重要支持

教学计划规定着教学活动的内容和质量标准，院校的教学监督和教学检查工作都是以它为依据开展的。

3. 加强教学计划管理，促进高职院校内涵建设其他方面工作的开展

教学计划起着明确任务、统一内容、统一标准、统一步调、协调各方面力量的作用，有利于高职院校整体教育教学水平的提升。

（二）教学计划的实施

教学计划的实施是教学管理中组织、指挥、协调、监督职能的具体体现，是教学管理的核心和关键环节，是关系到学校教学质量、生存发展的重大问题。教学计划的制定对整个人才培养过程而言，只是迈出了第一步，大量的工作在于教学计划实施过程的管理。其主要包括教务行政管理、编制教学大纲、编排课表、教师聘任等。

1. 教学计划的严肃性

专业教学计划一经制定，应保持相对的稳定性和严肃性，不得随意更改。存在的问题是，随意增加或减少课程，无任课教师时就取消某一门课程；开学推迟或提前实习、毕业实践、就业，使规定的课时量无法完成；随意调课、换教室，影响正常教学秩序；专业或班级合并，临时修改教学计划，有时会出现一个学期、一学年要调整多次计划，这就严重影响了教学计划实施的稳定性和严肃性。其措施是严格执行专业教学计划文件和学校制定的教学管理规范，尤其是学院和系两级教学管理的职能部门一定要身体力行。同时，教育教学督察室要加大对教学计划实施督察的力度，确保教学计划实施

的稳定性。

2. 编制教学大纲

教学大纲是依据教学计划，以纲要形式规定课程教学内容的指导性文件，是教师进行教学工作的依据。它要求做到如下几个方面的规定：课程的任务、目的及要求；课程教学的内容，如知识、技能等的范围和结构，教学进度和教学方法的基本要求；课程各章节的讲授课时数等。教学大纲是编写或选用教材、组织实施教学及评价课程质量的依据。

教学大纲一般包括主体和说明部分。编写教学大纲时应注意以下几点：①明确本门课程在教学计划中的地位和作用，注意协调与有关课程之间的联系；②贯彻少而精和因材施教的原则，精选教学内容，并规定学生必须掌握的基本部分、拓展部分和提高部分，以满足不同层次学生的需要；③保证基本内容的科学性、系统性，理论联系实际，重视能力培养，适当反映本学科的新成果；④在保证基本要求的前提下，允许在内容处理、教学环节和时间安排等方面有一定的灵活性，以鼓励教师进行课程教学改革的实验。

3. 加强任课教师聘任

任课教师是保证教学质量的基础，因此加强任课教师管理在教学过程中占有重要的地位。首先，要对任课教师进行资格认定，提供学历、学位、职称、教师资格证、任课简历等有关材料。由系、室对应聘教师在教育理论和现代教育媒体的使用等方面进行初步鉴定，并对鉴定合格的教师进行有关方面的培训，填写《任课教师授课登记表》。任课教师必须获得教师资格证书，做到持证上岗。对有些所学专业不对口、跨专业以及所任课程的范围超出审定的课程范围的坚决不能聘任。系室每学期开学前要召开任课教师会议，介绍学院教学和管理工作的特点、有关规章制度、校历安排等；学习和掌握教学大纲、教学计划；提供有关资料，确定联系的时间和办法等。其次，要建立和完善对教师的评价和考核制度。通过教学检查、听课等多种形式定期考核其教学态度、教学质量、教学效果，改进教学方法，以利于改进教学工作，以保持教学质量和正常的教学秩序。

4. 加强教材建设

教材建设是高校建设的一个重要组成部分，直接影响到教育教学质量和办学水平。根据教学计划和教学大纲要求，各门课程均须慎重选用或者编写教材，凡具有国家规划教材的课程，原则上应选用全国统编和已列入"十一五"及"十二五"规划的优秀教材。编写自编教材时，教务部门应严格审定编写人员、编写大纲和主要章节内容，要求内容科学、编写质量较高，以保证教学质量。教材在征订过程中要严格按照程序，按照教学计划、教学大纲的要求，认真慎重地确定所需教材，并将其名称、版本、出版社及用量认真填写在表格中，经系部负责人审核后按时上报教务处，经教务处审核同意后，方可报至教材中心，以防止漏订、定错、订重等事情，避免不必要的浪费。

5. 加强毕业实践教学

实践教学承担着毕业实习等教学工作，为职业院校提高教育教学质量，实现人才培养目标的重要手段。加强实践教学管理，为职业院校落实教学计划，实践教学环节的一个重要方面。应不断加强毕业实践教学管理，并以创新来推动实践教学建设与发展，不断巩固和完善实践教学的建设成果。

为保证做好实践教学，应做好以下几个方面：①各系第三学年第一学期建立毕业实践工作领导小组，制定工作计划、选聘指导教师、安排工作进度，于该学期的第 16 周做毕业实践动员，按专业进行分组，安排学生与指导教师见面，布置毕业实践的选题工作。②为了保证毕业实践的教学质量，每位指导教师指导的学生人数一般以 10 人为宜。各专业的毕业实践工作应由各系统一安排，系主任和教务办公室实施对毕业实践工作的监督与检查。为规范毕业实践的过程管理，严把质量关，指导教师与学生的见面次数不得少于 4 次，修改论文次数为 3 稿。③系、教务办公室布置毕业实践工作，系审核毕业实践指导教师资格，组织毕业实践过程的实施。系、教务办公室组织教师对毕业实践进行中期检查。指导教师对毕业实践报告评定出最终成绩。系、教务办公室集中对毕业实践环节进行终审验收。④毕业实践教学结束后，各专业要认真进行总结，包括本专业在毕业实践教学过程中执行学院规定和要求的情况、工作特色、取得显著效果的做法、存在问题及改进的措施，并对学院毕业实践教学提出意见或建议。

随着我国高等职业教育事业的蓬勃发展，办学规模逐渐扩大，教学计划管理工作也在不断加大，为保证教学工作的正常运转及持续发展，切实提高现代高职教学计划管理的效率，加强高职教学计划管理的革新，提升教务管理的质量，已成为目前我国高职教学计划管理工作的努力方向。

第二节　高职教育实践教学体系建设的指导思想和原则

一、高职教育实践教学体系建设的指导思想

指导思想就是人在从事某项实践活动时，头脑中占有压倒优势的想法，进行此活动时将依照此想法去开展。在高职教育实践教学体系建设中，明确了指导思想，就能根据区域经济和行业发展需要，牢牢把握教学改革的方向、原则，培养出高素质的技术技能型人才。

1. 建立以学生为中心的教学理念

学生是实践教学的主体，要建立以学生为中心的教学理念，就要在教学过程中充分发挥学生的主动性，为学生提供各种资源和条件，引导学生进行自主学习和协作探索，从而使学生更快乐地、更积极地去学习。

2. 以就业为导向、以职业能力培养为主线

高职教育的根本目标在于培养生产、服务、管理第一线需要的人才。高职教育实践教学的目标应以职业能力培养为主线，以职业基本素质、职业岗位能力和职业发展能力培养为模块进行构建，充分体现高职教育特点及专业岗位要求，组成一个层次分明、分工明确、实用性强、具有可操作性的实践教学体系，切实提高毕业生的职业能力，增强就业竞争力。

二、高职教育实践教学体系建设的原则

1. 针对性原则

实践教学体系的建设必须紧紧围绕高职教育的专业培养目标和人才培养规格，贴近学生未来岗位（群）所需的知识结构和能力结构，针对培养目标和业务规格对学生所需要的实践技能的要求构建实践教学体系的总体框架，做到目的明确，既体现高教性，又体现职业性。

2. 系统性原则

实践教学体系的系统性是指整个实践教学过程要形成一个系统。从人才的全面素质培养和能力发展的要求出发，做到梯度化、层次化、阶段化；要符合从简单到复杂，从低级到高级，循序渐进地认识规律，使不同特点的实践教学内容一环套一环，有序地向纵深发展，注意各教学环节的相互配合、相互支撑和互相渗透，与教学内容和课程体系改革相适应，构成一个前后衔接、层次分明、内容合理地实践教学体系。

3. 实用性原则

在实践教学课程和内容的选择上，应根据社会需求和学生就业需要，充分体现"必需、够用"的职业理论，整合实践教学课程内容，优化实践教学内容体系。同时，建立相应的实践教学考核机制，对于职业技能的考核，一般按职业技能鉴定的方式进行，使考核方式体现职业性和实用性。

第三节 高职教育实践教学体系建设的构想与思路

一、构建完善的实践性教学体系

职业教育主要培养的是生产一线的技术型人才。培养一名合格的技术人员，要通过相关理论知识的学习、实践技能实训和生产实习等环节，学生毕业后，还需在企业工作 1～2 年，取得实际经验后才能成为现代高素质的工程技术人员。其中实践教学是十分重要的环节，它能够促进学生理论联系实际、学以致用，培养实际动手能力，因此全面改革工程实践教学，大力加强工程实践能力培养，力求突出专业特色，是职业教育实践教学体系改革的主要内容。在制定教学计划时应根据社会需求，从培养多类型、多规格的人才培养思想出发，从有利于培养学生的创新意识、工程意识、工程实践能力、社会实践能力出发，对实训、实习、课程设计、毕业设计等实践性教学环节进行全面的、系统的优化与完善，明确各实践教学环节在总体培养目标中的作用。把专业基础课程和专业课程与实践教学有机融合在一起，通过教学、实践各个环节的共同作用，注重创新意识、创新能力的培养，并贯穿于人才培养的全过程，坚持产、学、研相结合的方向，逐步形成完善的、能够体现基础性、系统性、实践性和现代性教学内容的高职实践教学体系。

二、科学合理地安排实践教学环节

科学安排实践性教学环节，就是在教学过程中对不同课程根据目标需要，科学地安排实践性教学环节，以保证实践训练的课时量。实践经验表明理论教学与实践训练的课时比应基本达到 6∶4，即专业课中实践训练的时间基本上应占总课时的40%。在制定教学大纲和授课计划时，应根据课程的特点，科学合理地设计课时的分配，以达到最优化设计。教学过程中应该把工作的重点放到理论与实践的结合上，让学生通过更多的生产实践去掌握所学到的技能知识，达到硬件软件兼备，鼓励改革课程实训的教学内容，注重学生综合能力的培养。

三、改革实践教学的方法和手段

1.采用多媒体的教学形式，增大学习的信息量

多媒体技术可以使教学更易被学生接受和掌握，视觉化的画面及可视形象地表达方式，可以生动地表述既抽象又无味的概念，激发学生的学习兴趣，首先，多媒体课

件声、像、图文并茂，具有很强的感染力，对专业课程的教学尤为重要。比如，多媒体课件能逼真、直观地表达建筑形体的外形和内部结构以及建筑物的装饰装修效果。另外，利用多媒体教学手段的简便、灵活的特点，加大知识量，开阔学生视野。借助于多媒体，对一些过程进行仿真和模拟。如建筑物剖面图的形成，断面图的形成过程等等，都能够很逼真地重现形成过程。

2. 加强实验实训课的教学

在实验教学方面，减少验证性实验，更新实验内容，有计划地开设设计型、综合型、创新性的实验项目，充分调动学生的自主性，开发他们的思维潜能。

3. 购买或录制大型现代化制造企业的高性能加工装备、先进制造过程和生产管理方面的录像或光盘

这样可以使学生对工程实践有直观形象的认识，对现代制造技术在企业的应用有更深的了解，尤其可以开阔学生的视野，使学生清楚地了解工程实践在制造业中的地位，增强学生的学习信心，培养学生的兴趣，提高学生的积极性。

4. 借助计算机利用虚拟现实技术进行仿真教学

例如在计算机上模拟施工、编程、加工、故障检测等过程。

5. 校企结合，实践"产学研"是实现高职教学培养目标的重要途径

一方面，校企结合与产学研协调发展是高职院校深化教学改革、提高教学质量、强化师资队伍、铸造金领人才的可靠保证，是使高职教育教学更加贴近社会，更加适应经济发展的需要；另一方面，也是培养高技术应用型人才目标的重要途径。首先，高等职业技术学院培养的学生是生产一线的职业岗位（群）或技术领域的高级技术应用型人才。因此，培养方案的落实依赖于企业的合作，利用企业的人才、设备资源和管理经验。同时，产学研相结合协调发展有利于学生整体职业素质的提高，学生在项目学习操作实践中与企业结合，接受企业文化、企业精神的熏陶，从而培养爱岗敬业、吃苦奉献、团队协作的精神以及质量意识、效益意识和竞争意识。这样，既有利于根据社会的需要确定学生的培养模式，又有利于把各专业的优势和教师的科研实力推向社会，从而形成了学校与社会互动互利的培养模式，适应社会对新型人才的需要，实现社会效益和经济效益共赢的目标。

第五章　高等职业教育实践教学管理的组织结构

第一节　实践教学管理中的组织

管理人员一旦确定了组织的基本目标和方向，并制定了明确的实施计划和步骤之后，就必须通过组织职能为决策和计划的有效实施创造条件。组织职能是保证决策目标和计划有效落实的一种管理功能。

一、组织概述

组织是由人组成的，又是由人来管理的。几乎每个人都是组织的成员，在其中工作、学习和生活。同时我们和许多组织有利益关系，我们赖以生存的资源要由组织来提供，我们是各类组织所提供商品和服务的消费者及顾客，我们服务社会的愿望也要通过加入一定的组织得以实现。此外，还有一些人是组织的管理者，想方设法提高组织的效率和效率。因此，组织与人息息相关。所以，组织在人的生活、工作和社会发展中有重要的地位，组织的有效运作离不开对组织行为及其规律的研究。

（一）组织的含义

通常情况下，"组织"一词有两种解释。作为名词的（或静态的）组织是指人的集合体；作为动词的（或动态的）组织是指管理的一项重要职能。在管理学中，既要研究静态的组织，也要研究动态的组织。因为每项管理活动都是存在于一个组织范围内的，并且都需要运用组织这一基本职能。这里主要讨论组织的一般问题。组织的希腊文原义是指和谐、协调。目前，组织一词使用得比较广泛，一般主要从两个角度理解其含义。

1.组织的一般含义

组织是为了达到某些特定目标，在分工合作基础上构成的人的集合体。组织作为人的集合体，不是简单的毫无关联的个人的加总，它是人们为了实现一定目的，有意识地协同劳动而产生的群体。可以发现我们周围被称之为组织的群体，如某企业、某协会、某政府部门。这些组织从事的活动各不相同，但它们都有目的、有计划、有步骤地对个体行为进行协调，形成集体的行为。

理解组织的含义，我们一定要抓住以下几点。

（1）组织是一个人为的系统

这里所谓的"人为"的系统，是指这一系统是由人建立的，以人为主体的具有特定功能的整体。由于是人为的系统，因此系统的功能差异较大，相同要素组成的系统可能因结构的不同而直接影响系统的功能。

（2）组织必须有特定目标

目标是组织存在的前提，不管目标是明确的，还是模糊的，组织都是为这一特定目标而存在的。组织目标反映了组织的性质及其存在的价值。

（3）组织必须有分工与协作

组织的本质在于协作，正是由于人们聚集在一起，协同完成某项活动才产生了组织。企业生产各环节建立在分工基础上的密切合作，是把原材料变成成品的前提。组织功能的产生是人类协作劳动的结果。

（4）组织必须有不同层次的权利与责任制度

权责关系的统一，使组织内部形成反映组织自身内部有机联系的不同管理层次。这种联系是在分工协作基础上形成的，是实现合理分工协作的保障，也是实现组织目标的保障。组织规模越大，权责关系的处理越重要。

2.组织管理学的含义

在管理学中，组织被看作是反映一些职位和一些个人之间的关系的网络式结构。从以上定义中我们可以看出，在管理学中，组织的含义可以从静态与动态两个方面来理解。

（1）静态方面

静态方面是指组织结构，即反映人、职位、任务以及它们之间的特定关系的网络。这一网络可以把分工的范围、程度、相互之间的协调配合关系、各自的任务和职责等用部门和层次的方式确定下来，成为组织的框架体系。

（2）动态方面

动态方面是指维持与变革组织结构，以完成组织目标的过程。组织必须根据组织的目标，建立组织结构，并不断地调整组织结构以适应环境的变化。正是从组织的动态方面理解，组织被作为管理的一种基本职能。通过组织机构的建立与变革，将运营活动的各个要素、各个环节，从时间上、空间上科学地组织起来，使每个成员都能接受领导、协调行动，从而产生新的、大于个人和小于集体功能简单加总的整体职能。

（二）组织的构成要素

组织作为一个系统，一般具有以下五个要素。

1. 人员

人既是组织中的管理者，又是组织中的被管理者，建立良好的人际关系，是建立组织系统的基本条件和要求。

2. 岗位职务

明确每个人在系统中所处的位置以及相应的职务，便可形成一定的职务结构。

3. 职责与权力

不同职务的人须承担不同的责任和行使不同的权力，以达到指挥、控制和协调的目的。

4. 信息

管理组织内部与外部的联系，主要是信息联系。只有信息、沟通，才能保证组织的有效运转。

5. 目标

目标是构成组织不可缺少的要素，任何组织都是为了实现特定的目标，否则就不称其为组织。

（三）组织的作用

1. 组织是帮助人类社会超越自身个体发展能力的重要支撑

组织存在的基础是生产的社会化。随着社会需求的日益复杂化、多样化，单纯依靠个人的力量无法满足这些需求，因此人们组成各类组织，在组织中统筹安排各种资源，以尽可能少的资源消耗取得最大的收益。当然，由于组织是人的集体，因此其作用大小差异较大。当组织高效有序运转时应维护组织的稳定性，当组织运转效率较低时应及时完善，加强领导与协调，使之更加富有成效地实现组织目标。但无论如何，组织的存在与发展显示了其在人类发展中的重要作用。

2. 组织是实现管理目标的重要保证

组织的作用是由运转过程实现的。要创建一个有效的组织，只是集合一些人，分给他们职务是不够的。应该找到必要的人并把他们放在最能发挥作用的位置上。作为管理的基本职能，组织在组织管理中具有重要作用。

3. 组织是连接组织领导与员工、组织与环境的桥梁

组织实现有效领导的前提，是领导与员工的信息交流、情感交流。信息交流可使每个员工明确个人的权利与责任。借助于组织内部在合理分工基础上形成的权责分配关系，使组织成员有一个正式的信息联系渠道，可以了解运营中出现的问题，及时进行信息传递，保证问题的解决及时有效，避免产生矛盾与误解。

二、组织结构的类型

高校的组织结构是指高等院校内部各种要素的一种特定组合，是高等学校内部各要素的一种有序搭配。从管理学来说，常见的组织结构类型有直线型组织结构、职能型组织结构、直线职能型组织结构、事业部型组织结构和矩阵型组织结构。

（一）直线型组织结构

直线型组织结构是最古老的组织结构形式，也是最简单和最基础的组织形式。所谓的"直线"是指在这种组织结构下，职权直接从高层开始向下"流动"（传递、分解），经过若干个管理层次达到组织最低层，如图 5-1 所示。

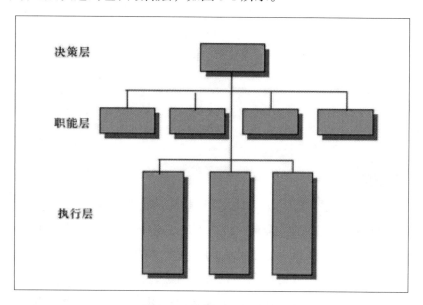

图 5-1　直线型组织结构

1. 直线型组织结构的特点

（1）组织中每一位主管人员对其直接下属拥有直接职权。

（2）组织中的每一个人只对他的直接上级负责或报告工作。

（3）主管人员在其管辖范围内，拥有绝对的职权或完全职权。即主管人员对所管辖的部门的所有业务活动行使决策权、指挥权和监督权。

2. 直线型组织结构的优势

一个下级只受一个上级领导管理，上下级关系简明清晰，层级制度严格明确，保密程度好，决策与执行工作有较高效率；管理沟通的信息来源与基本流向固定，管理沟通的渠道也简单固定，管理沟通的速度和准确性在客观上有一定保证。

3.直线型组织结构的缺陷

管理无专业分工，各级管理者必须是全能管理者，各级管理者负担重，企业较大时，难以有效领导与管理；管理沟通的信息来源与基本流向被管理者死死控制，并且管理沟通的速度和质量严重依赖于直线中间的各个点，信息容易被截取或增删，造成管理沟通不顺畅或失误。

4.直线型组织结构的适用范围

这种组织结构适用于企业规模不大，职工人数不多，生产和管理工作都比较简单的情况或现场作业管理，也适用于中小型项目。

（二）职能型组织结构

职能型组织结构是指各级行政单位除主管负责人外，还相应地设立一些职能机构。如在厂长下面设立职能机构和人员，协助厂长从事职能管理工作。

1.职能型组织结构的特点

这种结构要求行政主管把相应的管理职责和权力交给相关的职能机构，各职能机构就有权在自己业务范围内向下级行政单位发号施令。因此，下级行政负责人除了接受上级行政主管人员指挥外，还必须接受上级各职能机构的领导。

2.职能型组织结构的优势

该结构能适应现代化工业企业生产技术比较复杂、管理工作比较精细的工作；能充分发挥职能机构的专业管理作用，减轻直线领导人员的工作负担。

3.职能型组织结构的缺陷

它妨碍了必要的集中领导和统一指挥，形成了多头领导，不利于建立和健全各级行政负责人和职能科室的责任制，在中间管理层往往会出现有功大家抢，有过大家推的现象；另外，在上级行政领导和职能机构的指导和命令发生矛盾时，下级就无所适从，影响工作的正常进行，容易造成纪律松弛、生产管理秩序混乱。

4.职能型组织结构的适用范围

由于这种组织结构形式的明显缺陷，现代企业一般都不采用职能型。

（三）直线职能型组织结构

直线职能型组织结构是现代工业中常见的一种结构形式，被称为"U型组织"或"单一职能型结构""单元结构"。

1.直线职能型组织结构的特点

以直线为基础，在各级行政主管之下设置相应的职能部门从事专业管理，并作为该级行政主管的参谋，实现主管统一指挥与职能部门参谋指导相结合。在这种结构下，下级机构既受上级部门的管理，又受同级职能管理部门的业务指导和监督。各级行政领导人逐级负责，高度集权。这是一种按管理职能划分部门，并由最高经营者直接指挥的体制。

2. 直线职能制组织结构的优势

它既保持了直线型结构集中统一指挥的优点，又吸收了职能型结构分工细密、注重专业化管理的长处，从而有助于提高管理工作的效率。

3. 直线职能制组织结构的缺陷

（1）它属于典型的集权式结构，权力集中于最高管理层，下级缺乏必要的自主权。

（2）各职能部门之间的横向联系较差，容易产生脱节和矛盾。

（3）这种组织结构建立在高度的"职权分裂"的基础上，各职能部门与直线部门之间如果目标不统一，则容易产生矛盾。特别是对于需要多部门合作的事项，往往难以确定责任的归属。

（4）信息传递路线较长，反馈较慢，难以适应环境的迅速变化。

4. 直线职能型组织结构的适用范围

直线职能型结构适用于产品单一、销量大、决策信息较少的企业，大中型企业组织较普遍采用。

（四）事业部型组织结构

事业部型组织结构，亦称 M 型结构或多部门结构，有时也称为产品部式结构或战略经营单位。

1. 事业部型结构的特征

事业部型是分级管理、分级核算、自负盈亏的一种形式，即一个组织按地区或按产品类别分成若干个事业部。从产品的设计、原料采购，一直到产品销售，均由事业部及所属工厂负责，实行单独核算、独立经营，公司总部只保留人事决策、预算控制和监督大权，并通过利润等指标对事业部进行控制。

2. 事业部型的优点

（1）总公司领导可以摆脱日常事务，集中精力考虑全局问题。

（2）事业部型实行自主经营、独立核算，更能发挥经营管理的积极性，更有利于组织专业化生产和实现组织的内部协作。

（3）各事业部之间有比较、有竞争，有利于组织的发展。

（4）事业部内部的供、产、销等职能之间容易协调。

（5）事业部经理要从事业部整体来考虑问题，有利于培养和训练全能型管理人才。

3. 事业部型的缺点

（1）总部与事业部的职能机构重叠，构成管理人员浪费。

（2）事业部实行独立核算，各事业部只考虑自身的利益，影响事业部之间的协作。

（3）由于科研资源的分散使用使得深层次研究活动难以开展。

4.事业部型的适用范围

事业部型适用于规模庞大、产品品种繁多、技术复杂的大型组织，当总部的无形资产有巨大吸引力、管理能力很强，同时分公司又有独立的市场和独立的利益时适宜选择事业部型。

（五）矩阵型组织结构

矩阵型组织结构是把按职能划分的部门和按产品（项目）划分的小组结合起来组成一个矩阵，员工既同原职能部门保持组织与业务上的联系，又参加项目小组的工作。

1.矩阵型组织结构的特点

矩阵型组织的特点表现在围绕某项专门任务成立跨职能部门的专门机构。这种组织结构形式是固定的，人员却是变动的。

2.矩阵型组织结构的优点

（1）将组织的横向与纵向关系相结合，有利于协作生产和适应环境变化的需要。

（2）针对特定的任务进行人员配置有利于发挥个体优势，集众家之长，提高项目完成的质量，提高劳动生产率。

（3）各部门人员的不定期的组合有利于信息交流，增加互相学习的机会，提高专业管理水平。

3.矩阵型组织结构的缺陷

（1）项目负责人的责任大于权力，没有足够的激励手段与惩治手段；员工面临双重的职权关系，容易产生无所适从和混乱感。

（2）由于项目组成人员来自各个职能部门，当任务完成以后，仍要回原单位，因而容易产生临时观念，对工作有一定影响。

（3）员工需要有良好的人际关系技能并接受高强度的训练。

（4）耗费时间，需要频繁开会以讨论冲突解决方案。

4.矩阵型组织结构的适用范围

（1）拥有中等规模和中等数量产品线的组织适宜采用矩阵结构。

（2）当环境的不确定性和部门之间存在高度依存关系时，适宜采用矩阵结构。

三、实践教学管理中组织的主要任务

在我国高职的实践教学管理过程中，组织的职能就是将各种与实践教学活动有关的各种要素、各部门、各环节都有机地组合起来，使之形成一个相互协调的有机整体，以使整个实践教学活动有序进行。其主要任务包括以下几个方面。

（一）实践教学组织结构的设计

1. 组织结构设计的基本原则

组织结构设计是指一个正式组织为了实现其长期或者阶段性目标，设计或变革组织的结构体系的工作。

设计组织结构应该遵循以下基本原则：

（1）有效性原则

组织结构设计要为组织目标的实现服务，力求以较少的人员、较少的层次、较少的时间达到较好的管理效果；组织结构设计的工作过程要有效率。

（2）分工与协作原则

分工与协作是相辅相成的，只有分工没有协作，分工就失去意义，而没有分工就谈不上协作。

（3）权责利对等原则

责任、权力和利益三者之间是不可分割的，必须是协调的、平衡的和统一的。在委以责任的同时，必须委以必需的权力，还必须有利益来激励。有责无权，有权无责，或者权责不对等、不匹配等，都会使组织结构不能有效运行，组织目标也难以实现。

（4）分级管理原则

每个职务都要有人负责，每个人都知道他的直接领导是谁，下级是谁。正常情况下，等级链上的下级只接受一个上级的命令；每一个上级领导不得越权指挥但可以越级检查，下级也不要越级请示但可以越级反映情况和提出建议。

（5）协调原则

一是组织内部关系的协调；二是组织任务分配的协调。

（6）弹性结构原则

具有弹性，是指一个组织的部门机构、人员的职责和职位都应适应环境的变化而作相应的变动，它要求部门机构和职位都具有弹性。

2. 实践教学管理组织结构的设计

在实践教学管理中，组织结构的设计就是按照实践教学管理要达到的目标、任务、规模及所处的教学环境确定实践教学管理的组织结构、设置管理职位、划分职权与职责，从而搭建有效的实践教学管理系统框架。

对于高职院校来说，在设计实践教学管理组织结构时，要注意以下几个方面。

（1）必须以最大限度满足学生技能实训的需要为出发点。

（2）校内生产性实训基地与实践教学管理部门要做到协调合作。

（3）实践教学的组织结构设计在考虑学生实践教学需要的基础上，还要考虑到生产性实训基地具有全部企业或部分企业特点的现实，为其生产的正常运行提供条件，使其在一定程度上能够面向市场，参与市场竞争。

（二）实践教学组织系统的运行

在实践教学管理过程中，必须使各种与实践教学活动有关的各要素，如实践教学相关管理者、教师、学生、设备等；各部门如实践教学管理的职能部门、各系部、专业教研室、实训基地等；各环节如实践教学人财物的准备、实践教学的实施、监督检查等环节，将其有机地组合起来，使之形成一个相互协调的有机整体，才能保证实践教学组织的正常运行。

1.制定实践教学管理的制度规范

制定制度规范的目的在于保证实践教学管理系统中各部门相关人员的工作任务、工作范围、工作权限、工作标准要求明确，便于工作与考核。

这些制度规范，有些是针对部门的，如在主管院长领导下，教务部门负责全校实践教学的组织、管理和协调工作。其主要任务是：审查实践、实习教学方案、大纲；审查和协调全院的实习实训计划和经费预算；配合有关教学单位组织并推动实习实训前的各项准备工作；协助各教学单位开展实践基地建设，收集资料、组织经验交流；实地调查、了解实习工作状态和实践教学管理情况等。

有些是针对个人的，如各教学单位负责人负责指导、管理本单位的实践教学工作。其主要任务是：指导编制本教学单位各专业的实习实训方案、教学计划和大纲、经费预算，审定专业负责人指派的指导教师；督促、指导和帮助各专业进行实习实训的各项准备工作；检查各专业实践教学的工作质量及效果；总结本教学单位的实习工作经验并组织经验交流。

2.制定实践教学管理的工作流程

实践教学管理的工作流程是指实现实践教学最终管理目标和工作任务的工作路径。它体现了各类工作任务间的顺序关系。这种顺序关系是由工作任务的特点和逻辑关系决定的。

如对于实践教学指导教师来说，应根据教学进程、实践教学大纲的要求，填报实践教学计划，经教研室审核批准后，报系部审批。在实践教学开始前，实践教学指导教师应向学生讲解实践教学的目的、要求、任务、时间安排、步骤、安全注意事项和实践教学纪律等内容。

如在实践教学设备、物品采购的工作中，各系部应先根据实际情况，对购置设备物品的可行性和实用性、效益性进行充分论证；然后根据论证的结果向教务处提出申请，经教务处审核后交院领导审批；在院领导审批后，由教务处及相关部门共同与经办单位签订合同，后续事宜均按合同执行。

3.建立信息沟通渠道

建立信息沟通渠道是为了相关管理者能够及时准确地获取所需的信息，以便适时地对工作进行调整，更好地完成工作任务。在高职院校实践教学管理系统中，信息沟通的主要渠道如下。

（1）正式沟通和非正式沟通

正式沟通是指在组织系统内，依据一定的组织原则所进行的信息传递与交流。例如组织与组织之间的公函来往，组织内部的文件传达、召开会议，上下级之间定期的情报交换等。另外，团体所组织的参观访问、技术交流、市场调查等也在此列。在实践教学管理中，正式沟通主要是指根据一定的组织原则所进行的信息传递与交流。

正式沟通的优点是，沟通效果好，比较严肃，约束力强，易于保密，可以使信息、沟通保持权威性。重要的信息和文件的传达、组织的决策等，一般都采取这种方式。其缺点是由于依靠组织系统层层的传递，所以较刻板、沟通速度慢。

非正式沟通渠道指的是正式沟通渠道以外的信息交流和传递，它不受组织监督，可以自由选择沟通渠道。例如团体成员私下交换看法，朋友聚会，传播谣言和小道消息等都属于非正式沟通。非正式沟通是正式沟通的有机补充。在许多组织中，决策时利用的情报大部分是由非正式信息系统传递的。同正式沟通相比，非正式沟通往往能更灵活迅速地适应事态的变化，省略许多烦琐的程序；并且常常能提供大量的通过正式沟通渠道难以获得的信息，真实地反映员工的思想、态度和动机。因此，这种沟通往往能够对管理决策起重要作用。

非正式沟通的优点是沟通形式不拘，直接明了，速度很快，容易及时了解到正式沟通难以提供的"内幕新闻"。非正式沟通能够发挥作用的基础，是团体中良好的人际关系。其缺点表现在，非正式沟通难以控制，传递的信息不确切，易于失真、误解，而且，它可能导致小集团、小圈子的产生，影响人心稳定和团体的凝聚力。

此外，非正式沟通还有一种可以事先预知的模型。心理学研究表明，非正式沟通的内容和形式往往是能够事先被人知道的。

它具有以下几个特点：第一，消息越新鲜，人们谈论得就越多；第二，对人们工作有影响者，最容易招致人们谈论；第三，最为人们所熟悉者，最多为人们所谈论；第四，在工作中有关系的人，往往容易被牵扯到同一传闻中去；第五，在工作上接触多的人，最可能被牵扯到同一传闻中去。对于非正式沟通这些规律，管理者应该予以充分注意，以杜绝起消极作用的"小道消息"，利用非正式沟通为组织目标服务。

现代管理理论提出了一个新概念，成为"高度的非正式沟通"。它指的是利用各种场合，通过各种方式，排除各种干扰，来保持他们之间经常不断地信息交流，从而在一个团体、一个企业中形成一个巨大的、不拘形式的、开放的信息沟通系统。实践证明，高度的非正式沟通可以节省很多时间，避免正式场合的拘束感和谨慎感，使许多长年累月难以解决的问题在轻松的气氛下得到解决，减少了团体内人际关系的摩擦。

（2）向上沟通渠道

向上沟通渠道主要是指团体成员和基层管理人员通过一定的渠道与管理决策层所进行的信息交流。它有两种表达形式：一是层层传递，即依据一定的组织原则和组织程序逐级向上反映。二是越级反映。这指的是减少中间层次，让决策者和团体成员直接对话。在实践教学管理中，主要是指基层管理人员与师生通过一定的渠道与上级管理者及管理决策层如院长所进行的信息交流。

向上沟通的优点是：员工可以直接把自己的意见向领导反映，获得一定程度的心理满足；管理者也可以利用这种方式了解企业的经营状况，与下属形成良好的关系，提高管理水平。

向下沟通的缺点是：在沟通过程中，下属因级别不同造成心理距离，形成一些心理障碍，害怕"穿小鞋"，受打击报复，不愿反映意见。同时，向上沟通常常效率不佳。有时，由于特殊的心理因素，经过层层过滤，导致信息曲解，出现适得其反的结局。

就比较而言，向下沟通比较容易，居高临下，甚至可以利用广播、电视等通信设施；向上沟通则困难一些，它要求基层领导深入实际，及时反映情况，作细致的工作。一般来说，传统的管理方式偏重于向下沟通，管理风格趋于专制；而现代管理方式则是向下沟通与向上沟通并用，强调信息反馈，增加员工参与管理的机会。

（3）向下沟通渠道

管理者通过向下沟通的方式传送各种指令及政策给组织的下层，其中的信息一般包括：①有关工作的指示。②工作内容的描述。③员工应该遵循的政策、程序、规章等。④有关员工绩效的反馈。⑤希望员工自愿参加的各种活动。在实践教学管理中，向下沟通渠道主要是指通过各种方式传送各种指令及政策等信息给基层管理人员和广大师生。

向下沟通渠道的优点是，它可以使下级主管部门和团体成员及时了解组织的目标和领导意图，增加员工对所在团体的向心力与归属感。它也可以协调组织内部各个层次的活动，加强组织原则和纪律性，使组织机器正常地运转下去。向下沟通渠道的缺点是，如果这种渠道使用过多，会在下属中造成高高在上、独断专横的印象，使下属产生心理抵触情绪，影响团体的士气。此外，由于来自最高决策层的信息需要经过层层传递，容易被耽误、搁置，有可能出现事后信息曲解、失真的情况。

（4）水平沟通渠道

水平沟通渠道指的是在组织系统中层次相当的个人及团体之间所进行的信息传递和交流。在事业管理中，水平沟通又可具体地划分为四种类型。一是事业决策阶层与工会系统之间的信息沟通；二是高层管理人员之间的信息沟通；三是企业内各部门之间的信息沟通与中层管理人员之间的信息沟通；四是一般员工在工作和思想上的信息沟通。横向沟通也可以采取正式沟通的形式，也可以采取非正式沟通的形式。通常是以后一种方式居多，尤其是在正式的或事先拟定的信息沟通计划难以实现时，非正式沟通往往是一种极为有效的补救方式。在实践教学管理中，主要是指层次相当的人员或部门所进行的信息交流。

横向沟通具有很多优点：第一，它可以使办事程序、手续简化，节省时间，提高工作效率。第二，它可以使企业各个部门之间相互了解，有助于培养整体观念和合作精神，克服本位主义倾向。第三，它可以增加职工之间的互谅互让，培养员工之间的友谊，满足职工的社会需要，使职工提高工作兴趣，改善工作态度。

其缺点表现在，横向沟通头绪过多，信息量大，易于造成混论；此外，横向沟通尤其是个体之间的沟通也可能成为职工发牢骚、传播小道消息的一条途径，造成涣散团体士气的消极影响。

（三）实践教学组织系统的调整

任何一个组织系统都不会是一成不变的。同样，实践教学组织系统也会随着人员构成、高职的专业结构、规模等系统内因素或者因国家政策、院校管理体制等系统外因素变化而变化。为了适应这种变化，就要对实践教学的组织从结构到职责、权限等做出调整。实践教学组织人员也要不间断地对实践教学进行巡视督察，注重收集学生的反馈意见，发现不良问题，及时调整解决。

第二节　高职院校实践教学管理的组织结构

一、一般高等院校教学管理的组织结构

一般高等院校的组织结构是大学组织内部结构要素在外部诸要素的作用下组成的具有一定关系的形式。大学组织结构的优劣、合理与否直接影响到大学功能的发挥和大学战略目标的实现。大学的组织结构一般分为管理组织结构和学科组织结构。管理组织结构是指高校党政管理部门及群团组织，管理组织结构为学科组织结构提供服务、咨询、协调，大学组织结构的变动主要包括组织结构调整、增减，职能的转变及组织结构间的职责、权限、隶属关系的重新划分与界定。学科组织结构指高校按学科设置的学术管理机构。这里主要从发展变化的角度研究高校教学管理的组织结构。

（一）高校传统教学管理组织结构

1952 年以后，我国模仿苏联在高校实行了校系两级的管理模式，也就是我国高校的传统教学管理组织结构。它具有以下特征：

（1）以"校系两级管理"为特征的机构设置模式。教学管理机构一般只包括校、系两级。

（2）以"重心偏上的集中管理"为特征的责权配置模式。作为学校第一责任人的校长，其教学工作的决策权限沿着水平方向和垂直方向两个维度进行分配。水平方向维度的最高决策权力组织是校务委员会，决策支持组织是校教学工作委员会等专门委员会，通过职能部门的作用，统一调动学校各种资源为教学服务，统一管理教学工作进程及信息反馈，实现各项教学管理目标。校级控制着绝大部分的决策权。垂直方向维度的战略执行和战术决策的权力组织主要有教务处和各教学系。教务处代表学校具体履行教学管理职能。系被赋予的责权多数是教学实施过程中的执行权，在学校统一管理下，系级决策的自由度较小。

（3）以"直线职能型管理"为特征的行政执行模式。这是指以"校—系"直线行政领导关系为基础，与教务处业务指导相结合的行政执行模式。

（4）传统教学管理组织模式改革的动因。传统的教学管理组织模式是在当时高校规模不大、倡导学科分化、倡导培养专才、崇尚服从与统一的历史背景下产生的。但随着高等教育进入大众化阶段，传统模式已经不能适应管理的需要：①不能适应学科专业交叉、融合的需要。②不能适应宽口径、复合型人才培养的需要。在二级学科门类平台上建"系"的局限性及"系"与"系"之间的行政管理权的相对独立性，使其在大学科平台上进行人才培养模式改革、教学内容与课程体系改革会遇到制度模式而引发障碍。③不能适应高等教育大众化发展的需要。随着高校办学规模的扩大和学科专业的增加，在二级学科门类下建制的"系"的数量也必然会随之增加。在传统教学管理组织模式中，以"系"为一级的权力机构（中层），可在一定的职权范围内独立行使资源使用和调配权力，"系"的增加会导致校内紧缺资源的竞争更加激烈，组织内部的利益壁垒更加强化，既不利于学校人力资源、设备资源的共享，也不利于学科之间的互补与合作。④不能适应管理重心下移的需要。"系"的数量的增加，直接导致学校职能部门的管理幅度有形增加，为协调平衡职能部门管理权限无形增加，带动管理重心不断上移，超出其应承担的职责范围和能承受的能力范围。一方面职能部门责任分担过重，行政管理难免顾此失彼，学术管理难免越俎代庖；另一方面"系"级决策权限不断被侵蚀，挫伤了"系"主动承担管理责任的积极性，难以发挥其在教学科研中的主体作用。

（二）经过变革的教学管理组织结构

进入 21 世纪，为了应对发展的需要，许多高校不断进行教学管理组织结构变革，其大致有以下几种模式：

1. "校—院—教研室"模式

一些大学把若干个"系"合并组成"院",以此来减少中间的教学部门的数量,促进学科的交叉与融合。"院"持有学校赋予的教学管理行政权,既是管理实体也是教学科研实体,教研室没有教学行政管理职能和人财物的实际权力。这种模式实际是对传统的教学管理组织模式的局部改良,机构设置特点仍是"两级管理制",责权配置特点是"重心部分下移的集中管理",行政执行仍为"直线职能型管理"模式,是"校—系"模式的简单放大。其中"校"级层面的决策更多地下移到"院",而原多个"系"级层面权限也集中上移到"院","院"的管理幅度迅速变大,既要组织完成教学科研任务,也要承担起类似校级职能部门所承担的管理协调职责。

2. "校—院—系"模式

这种模式较之"校—院—教研室"模式,从形式上看似乎只是第三级组织的名称不同而已,其实从教学管理组织模式角度考察,已经发生了较大变化。第一,其机构设置模式特征为"校—院—系"三级管理,校、院是管理实体,系是教学科研实体,虽不承担教学行政管理职能,但已经分担了部分学术行政管理职责。"院"级除了教学行政日常管理外,在学术管理方面只负责本"院"如学科规划与建设、专业布局与调整、长期发展规划等重大问题的决策,学科建设、课程建设、师资建设、实验室建设、教材建设等学术管理具体由"系"负责管理。在这个模式中教研室仍是教学科研的最基层单位,没有实际的教学及学术行政管理权。第二,其责权配置模式特征为"重心下移的分权管理"。由于"系"的设置适当分散了"院"的管理权限,学术管理权趋向于回归从事于学科专业建设的学者专家主体,不仅能够较好地调动教师的积极性与创造性,更有利于学校愿意把更多的管理权限下移给"院",促进管理重心不断下移的良性循环。第三,其行政执行模式特征虽然仍为"直线职能型",但教学管理的重心继续下移,并在"院"分流,教学行政管理权集中在"院"级,学术行政管理分权于"院""系"之间,"院"在教务处业务指导下进行自我管理,教务处不直接指导"系"。

(三)目前高校教学管理的组织结构

虽然经过变革的教学管理组织结构具有不少积极作用,但仍存在一些缺陷。因此,人们又探索出了目前高校使用最多的矩阵式组织结构,如图5-2所示。

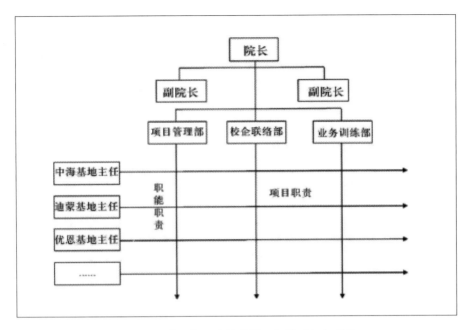

图 5-2　某院校实践教学管理矩阵式组织结构

矩阵式组织结构是在直线制组织结构的基础上，又增加了一种横向的管理链。

纵横两条管理链如同矩阵的两类向量，交错形成矩形的组织结构。该结构具有灵活、高效、便于资源共享和组织内部沟通等优势，有利于加强各职能部门间的联系和协作，使得组织更加扁平化、柔性化、应变能力更强，非常适合项目攻关。

高校矩阵式组织结构是将学院与项目有机结合的一种组织方式，兼顾了学科导向和项目导向。矩阵的纵向为学科导向，即以目前的学院建制为主，保留原有的学科专业、职能部门的指导线，由院系领导、学科带头人负责，保证本学科的深入发展以及教学工作的正常运行。

矩阵的横向，以项目为导向，以解决实际问题为目的，根据产学研协同创新的要求承接各类课题项目。项目负责人可以打破原有院系的壁垒，将来自不同学科、院系的研究人员组织在一起，形成科研创新团队，充分整合高校的科研资源，实现知识共享。

项目组的成员同时接受来自本学院与项目负责人两方面的领导，既要完成所在学院分配的教学、科研工作，又要完成项目负责人安排的研究任务。

二、高职院校实践教学管理的组织结构

高职院校实践教学由校内实践和校外实践两部分构成。因此，其实践教学管理机构可分为校内实践教学管理机构和校外实践教学管理机构。不同的管理机构分管的工作任务不同，但其目的相同，都是保证人才培养工作的顺利开展。实践教学管理组织

结构如图 5-3 所示。

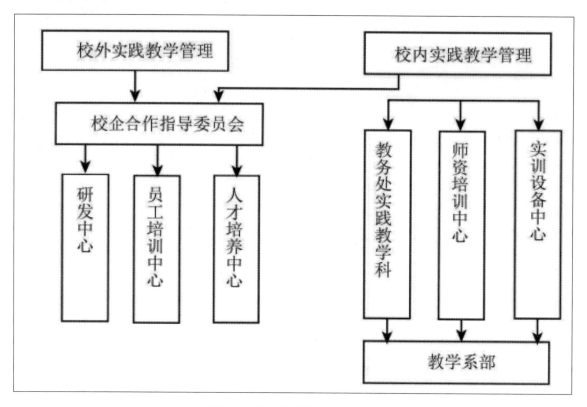

图 5-3　实践教学管理组织结构

校外实践教学管理机构由人才培养中心、员工培训中心、产品研发中心构成。企业与学校合作设立校企合作指导委员会，由人才培养中心、员工培训中心、产品研发中心构成。主要负责学生实习的安排、管理以及成绩考核，加强学校专职教师与企业兼职教师的培养，促进教师和企业技术人员共同完成技术研发，强化校企合作。

校内实践教学管理机构由学院决策层（分管教学的院长等）、教务处、师资培训中心、实训设备中心以及教学系部组成。分管教学的院长等决策层负责学院实践教学管理的整体工作的开展，进行宏观控制；教务处实践教学科负责实践教学的计划、组织和实施；师资培训中心负责教师的企业挂职锻炼，帮助"双师型"教师队伍成长；实训设备中心负责实训设备的购置、分配、维修等工作；教学系部是实践教学管理组织的基本单位，负责实践教学。

1. 教务处实践教学的主要工作职责

（1）组织教学部门研究制定实践教学管理的各项规章制度，并组织实施。

（2）审核全校的实践教学实施计划。

（3）指导、监督实践教学计划、教学大纲的实施。

（4）加强实践教学改革方向的指导及进行实践教学改革的立项审查。

（5）开展实践教学检查、评估；总结实践教学工作；组织经验交流等。

（6）调配实践教学场所，协调解决全院实践教学中的有关问题。

（7）负责教学实践基地兼职教师职务聘任管理工作。

（8）为实践教学的顺利开展提供相关服务。

2.教学系部的主要工作职责

（1）根据专业培养目标分别构建以人才培养目标为核心、素质和能力培养为宗旨的实践教学体系，明确各专业实践教学所应达到的目标，将任务分解到各教学环节。

（2）根据各专业培养目标的要求，组织各专业教研室制定实践教学计划和实践教学大纲。

（3）组织各专业教研室、实验室管理员编写实践教学指导书（作业指导书），制定各专业实训环节的实施细则、实验实训室管理规章制度、实验实训操作规程等。

（4）按照实践教学大纲要求和实际条件做出各实践环节的经费预算，经分管副院长审核后申请专项经费。

（5）监督、指导各实践教学环节的具体实施情况；检查实践教学质量；组织实践教学经验交流等。

（6）根据专业培养方向，完善、建设校内实践教学基地，建立、巩固一批稳定的校外实践教学基地。

（7）根据实践教学需要，建立一批稳定的具有合理学历、职称及年龄结构的实践教学教师队伍，保障实践教学的正常进行。

三、建立实践教学管理组织结构应坚持的原则

（一）战略目标原则

组织结构的设计和行政机构的设置，必须有利于学校工作目标的实现和发展战略的完成。高职院校作为高等职业教育的实施机构，其主要任务是贯彻落实党的教育方针，培养德智体全面发展的高技能应用型专门人才。而围绕这个总体目标，又可以分解出党政领导、教学管理、学生管理、经费保障、后勤服务等分目标，因而必须设置诸如党校办、教务处、学工处、财务处、后勤管理处（后勤集团）等管理部门，规定他们在学校总的目标实现中应该承担的职能和完成的任务，形成一个有机整体，为学校目标的实现奠定组织基础。需要强调的是，高职院校由于培养目标的规定，使其与其他普通高校比较，更加强调学生培养方式上的校企合作以及教学内容上的强化操作技能和动手能力。为突出高职办学特色，许多高职院校都设立了类似"校企合作办公室""实训教学管理办公室"等组织机构。

（二）有效性原则

有效性原则要求高职院校所建立的组织机构必须有良好的效率。行政管理组织的有效性具体表现为各行政机构有明确的职责范围，机构内部人员有明确的岗位职责。设计科学合理的办事流程，能节约人力和时间，有利于发挥教职工的聪明才智和工作积极性，能够以小的支出成本，实现学校的工作目标。有效性的关键是使校内每个部门和每个教职工的工作目标，都能和学校的总目标一致。

（三）分工协作原则

高职院校作为一个现代教育机构，其内部管理所涉专业纷繁复杂，工作千头万绪，既相对独立，又相互联系。要实现学校的工作目标，在管理机构设置方面，应贯彻分工协作的原则。所谓分工就是按照提高管理专业化程度和提高工作效率的要求，把学校总体的工作目标，分解成各个本部门乃至各个工作人员的目标工作任务，使学校各个部门和每个教职工都了解在实现学校工作目标中自己所担负的职责和拥有的职权。但是，学校某一项具体工作，特别是一些重大项目的完成，往往需要几名工作人员、甚至几个职能部门合作才能完成，此时就必须强调协作，协作包括部门与部门之间的协作以及各部门内部的协作。为了避免出现推诿扯皮的现象，学校必须建立有效的部门间的协调机制，常规性工作可由分管校领导组织协调，具体重大事项由校长办公会决策和协调，事关学校发展的重大问题由党委会决策和协调。

（四）责权一致原则

所谓责权一致，是指职责和职权保持一致。职责是指在学校某一部门或职工个人在某一岗位担任某一职务应该承担的责任。一个学校，只有建立明确的责任分工，形成各负其责的责任体系，才能使全校上下左右得以沟通协调，从而保证学校的正常运转和工作目标的顺利完成。而职权是部门或职工在其职责范围内为完成其责任必须具有的权利，具体表现为决定权、指派权和审查权等。这些权利应该与部门或个人所负的责任相适应，在对各个层级的机构或个人明确责任的同时，也要赋予其相应的权利，但是权力必须限制在责任范围内，既不能过大也不能过小，如果职责和职权不对等，就会影响管理部门和管理人员的责任心，降低工作效率。

（五）稳定与调整相结合的原则

由于学校工作发展战略具有连续性，学校具体工作也具有连贯性，因此为保证学校工作的正常开展以及教学工作秩序的稳定，学校行政机构设置不宜频繁调整，要保持一定的稳定性。但随着社会经济发展和市场环境的变化，高职院校的发展战略、工作任务和目标都会相应地发生变化，所以保持学校机构的稳定并不是一成不变的，而是要保持一定的灵活性，随着学校战略和目标的变化而做出相应的调整。

（六）精干高效原则

高职院校作为人才培养机构，教育教学是其中心工作，而行政管理工作应该服从服务于这个中心工作。这就要求学校行政机构应该切实做到精干、高效。所谓精干高效，是指在保证完成学校工作目标所规定的工作任务和业务活动的前提下，力求减少管理层次，精简工作机构和人员，通过充分调动教职员工的积极性和创造性，提高工作效率和管理水平来更好地完成工作任务实现发展目标。[2]

第三节　实践教学管理机制及其建立

一、实践教学管理机制的含义及组成要素

（一）实践教学管理机制的含义

1. 管理机制的定义与特征

机制原指机器的构造和工作原理，现已广泛应用于自然现象和社会现象，指其内部组织和运行变化的规律。把机制的本义引申到不同的领域，就产生了不同的机制。如引申到生物领域，就产生了生物机制；引申到社会领域，就产生了社会机制；引申到管理系统，就产生了管理机制。

管理机制是指管理系统的结构及其运行机理，本质上是管理系统的内在联系、功能及运行原理，是决定管理功效的核心问题。其具有下列特征：

（1）内在性

管理机制是管理系统的内在结构与机理，其形成与作用是完全由自身决定的，是一种内在运动过程。

（2）系统性

管理机制是一个完整的有机系统，具有保证其功能实现的结构与作用系统。

（3）客观性

任何组织，只要其客观存在，其内部结构、功能既定必然要产生与之相应的管理机制。这种机制的类型与功能是一种客观存在，是不以任何人的意志为转移的。

（4）自动性

管理机制一经形成，就会按一定的规律、秩序，自发地、能动地诱导和决定企业的行为。

2　周鹏.高职院校行政管理组织架构及运行机制.湖北成人教育学院学报，2013.

（5）可调性

机制是由组织的基本结构决定的，只要改变组织的基本构成方式或结构，就会相应改变管理机制的类型和作用效果。

2.实践教学管理机制

各高职院校实践教学体系的内容和组织机构基本相似，为什么组织效果却千差万别？通过调查研究发现，这主要是因为各院校的实践教学管理机制不同。

实践教学管理机制是指为保证实践教学的进行所涉及的各级与实践教学相关的组织或机构、各利益相关主体之间为一个共同目标相互作用的关系体系。这个关系体系通过有关制度的制定和实施，规范体系内的相关利益主体的行为，确保高素质高技能人才这一培养目标的实现，同时也保障了整个管理体系的正常有序运转。

部分高校管理者对实践教学体系的构建在认识上缺乏前瞻性、系统性，进而造成在组织运作上没有有效的方法和机制，最后达不到培养学生掌握科学方法和提高动手能力的效果。

实践证明，实践教学的管理是有规律的，应该客观分析当前高职教育各方面面临的新变化，深入思考其对学生、教师和学校的影响；遵循教学规律，做出相应的对策并在实践中修正；总结成果，形成新的理念或规范制度，在正确的办学宗旨和定位下，学校制定制度与机制保证创新不断涌现。正是最后形成的制度与机制，促进了实践教学运行机制、动力机制和约束机制的建立，保证实践教学体系建设的良性发展。

（二）实践教学管理体系的组成要素

在高职院校中，实践教学管理体系分为广义和狭义两个方面。所谓广义的管理体系是指在学校实施实践教学过程中所涉及的全部要素。这些要素包括校内和校外两部分。狭义的体系是指在学校实施实践教学过程中所涉及学校内部的各种要素。

从校外要素来说，实践教学所涉及的主要包括政府部门和企业、行业、社区、家长等。从校内因素来说，在不同院校，不同的校情和历史渊源使得各院校的机构设置及管理层次各有不同的特点，但任何一个院校其校内管理体系所涉及的利益主体都是共同的，即管理人员、教师、学生。管理系统内运行机制的建立，必须考虑各利益主体之间的相互关系。

二、实践教学管理机制组成要素的职责

我们这里所说的实践教学管理机制组成要素，既包括校外因素，也包括校内因素。实践教学管理体系既包括与实践教学有关的各级各类组织、机构与组成人员，也包括规范这些组织机构及人员行为的相关管理制度或规范。

（一）实践教学管理体系中政府的职责

高职院校的社会实习实践活动是高校与社会的合作，单靠院校自身的力量和努力很难做好做实，因此需要政府的协调与参与。政府应当利用自身的优势和条件，协助当地高职院校与社会企事业单位的合作，建立高质量、稳定的实习基地，提高实习质量。

首先，政府要经常深入高职院校进行调研，与高职院校共同研究如何建立高校社会实习实践运行机制。随着社会经济的发展，高职院校的专业建设、课程设置、教学质量以及人才培养目标等，与社会的需求与发展日益密切，政府对高职院校的关注度也日益提高。但是与对高校的专业设置和人才培养目标的关注相比，政府对于高职院校的实践教学环节还缺乏必要的了解，特别是对大学生进入社会单位实习实践关心得不够，因此也较难发现高职院校在实习实践方面存在的困难和问题。对此，政府应该经常性地到高职院校进行调研活动，与工作在高职院校实习实践一线的教师进行座谈，了解高职院校在实践方面，特别是在建立实践基地方面存在的困难，为主动帮助高职院校解决实践问题、就业问题做好准备。

在调查研究的基础上，政府还要与高职院校一起努力探索如何切实解决高职院校社会实习实践难题的新思路，特别是结合我国当前的经济发展特点和就业形势，全盘考虑学校、学生与社会、企事业单位的利益，形成健康、规范的市场运作和管理模式。

其次，在了解高职院校实践教学实际困难之后，政府要根据自己的优势，为高职院校与社会单位搭建桥梁。政府要主动向企事业单位大力宣传高职院校实习实践环节对于人才培养和社会发展的重要意义，提高他们对高校实践的认识，特别是让他们了解支持教育事业的发展是全社会的责任，每个企事业单位都有责任为学生实习实践提供条件和机会，这不仅有利于大学生的成才，更有利于企业和社会的发展。政府更要主动为高职院校联系实习实践单位，帮助高职院校与实习实践单位沟通，协调各方面的关系，调动企事业单位承担高校实习任务的积极性，促进实践基地的建设。另外，政府有关部门还应该通过建立网络信息管理或中介机构，及时发布高校专业人才培养情况和实习实践单位情况，促进双方的了解、沟通与合作。

最后，政府还要努力促成校企合作。校企合作的实习模式是近年来解决学生实习和就业的一种新的尝试，并取得了良好的社会效益。一个好的校企合作项目，不但利于学生实际能力的提高，也能直接解决学生的就业问题，因此，政府要在条件适宜的时候，积极地促成校企合作，实现实习与就业的直接对接。同时，校企合作对企业人才培养、更新和技术研发等也能起到良好的作用。

政府要加大对校企合作项目的资金投入和政策倾斜，保证合作项目的有效、长期、稳定地开展，既保证高职院校实践环节高质量地完成，又为企业培养了毕业后即刻上岗的后备军，解决就业问题，实现高校、大学生、企业、社会多方受益。

政府还要促进校企双方充分利用校企合作资源，提高校企合作项目的利用和收益。一方面，学校不但将此作为学生毕业实习基地，还可以用于认识实习或相关课程的观摩、实践教学的基地和假期社会实践基地，并通过对企业发展的了解，促进相关专业建设、课程设置的调整以及人才培养模式的完善，将人才培养与社会需求相统一。另一方面，企业利用学生实习机会，选拔适合的人才留在企业；或将企业需要的人才与高校沟通，有针对性地培养企业需要的人才；或与高校开展技术合作和项目研发，利用高职院校师资对员工进行培训等。

（二）实践教学管理体系中管理人员的职责

实践教学管理体系的主体要素包括管理者、教师和学生等方面。这三大要素有不同的职责。

实践教学管理人员主要包括学院实践教学的职能管理部门的管理人员、各系部的教学管理人员和实训基地的管理人员三类。

（1）学院实践教学的职能管理部门的管理人员

学院实践教学的职能管理部门的管理人员是代表学院对全院的实践教学进行宏观的总体规划与安排的，包括对实践教学总学时的要求，每学期各专业实践教学的具体安排，实践教学基地、实验室、实训室的建设规划，制定有关实践教学管理的制度，规范专业实践教学文件编制的具体要求，对各专业实践教学实施过程的服务、监督、管理，负责协调实践教学基地在接收学生实习实训等活动中的有关事项。

（2）各系部的教学管理人员

各系部的教学管理人员是实践教学的一线管理者，负责组织本部门实践教学文件的研制，本部门实践教学任务的协调与落实，对本部门实践教学实施过程的服务、监督、管理，负责本部门所属的实习实训基地、实验室的建设、维护和管理，积极开拓校外实践基地，负责本部门学生实习实训的日常管理，维持良好的实践教学秩序。

（3）实训基地的管理人员

实训基地的管理人员包括生产性实训基地的厂长经理及各级管理者、非生产性实训基地的各级管理人员等。他们的职责主要是维护实训基地的正常工作、生产秩序，保证设备的正常运行；依据教学计划接受、指导、管理相关专业学生的实习实训；对教师的有关实践教学活动、教学研究、技术开发与推广给予支持等。

（三）实践教学管理体系中教师的职责

教师主要是指从事实践教学的校内专职教师及校外兼职教师，也包括校内生产型实训基地的实践指导老师或技术人员。

他们的主要职责是参与各种实践教学文件的研制；参与校内外实践教学基地、实验室的建设；根据学校实践教学的总体要求及有关教学安排，组织实施、指导、评价学生的各类实践教学活动，确保学生能够在校期间掌握相关技能。

（四）实践教学管理体系中学生的职责

学生的主要职责是根据专业教学计划的有关要求，在实践教学指导教师的指导下，完成各类实践教学活动，掌握相应技术等级的技能，接受教师对其参加的各类实践教学课程成绩及技能水平的评价，对学校及专业有关实践教学的管理与安排，实践教学的内容、质量、效果等提出意见、要求并进行综合评价。

三、实践教学管理机制的建立

实践教学管理机制的建立是关系实践教学效率与质量的一个关键问题。管理机制的建立要以理念创新为先导。通过实训管理机制结构的调整，努力构建以学生为本、全面参与的激励机制，以自我管理与科学考评相结合的控制机制组成的双重机制。

（一）实训管理机制的转换

1. 管理机制的关键作用

实训是在教师指导下，在做中学的一种师生互动过程。在传统的教学中，这一过程完全在教师的直接管理和监督下进行的。学生并不深入了解实训的实际意义，毫无积极性可言，是在被管理、被监督的条件下被动参与实训过程。这必然导致实训组织松散，效果低下。同时，由于采取教师对实训组织与管理工作全部包下来的方式，教师不堪重负，因此，在实际工作中常常疏于管理，组织不到位。

要有效提高实训组织管理的实际效果，最根本的就是要转换实训的管理机制，这是提高实训质量的关键因素。

2. 理念更新是机制转换的先导

要转换实训的管理机制，首先要突破传统观念，更新理念。

从以教师为中心转变为以学生为中心。实训是"做中学"的典型形式。而"做"与"学"的主体是学生，所以，实训当然以学生为中心。实训在本质上是学生为了培养技能的实践活动，学生必须主动去做，并自我管理与控制。教师只是学生实训的指导者、服务的提供者，不能"反客为主"，越俎代庖。

从强制性的外在管控转变为以兴趣为核心的内在驱动。传统的教师管理监督，是一种外在的、行政式的管控，不利于学生积极性的调动。只有采用现代的、以调动学生积极性为核心的激励方式，才会使学生自愿参与，积极活动，才会在根本上提高实训质量。这种内在驱动的核心，是学生对实训活动的兴趣机制的作用。

从以知识为本位的终结式考试转变为以能力为本位的形成式考核与终结式考核相结合。在传统的实训考核中，由于技能的柔性化，知识测试仍占有重要地位，并且采用"一锤定音"式考试。这种方式不但不能准确考核学生的真实技能，而且会放松对学生实训过程的必要约束与控制，从而会严重影响实训的质量与效果。注重能力的考核，并将形成式考核与终结式考核相结合，就会较为准确地评价学生的真实能力，并实现对实训全过程的约束与控制，从而，保证实训的质量与效果。

3. 构建激励与控制双重管理机制

实践教学激励与控制双重管理机制，是指通过教学结构的调整，所形成的基于"以学生为中心"理念的有效激励，自主控制的结构、机理与功能。

实践教学激励与控制双重管理机制的简单模型如下：

一定的管理机制是以一定的管理结构为基础的，是特定管理结构所形成的机理与功能。转变实训管理机制，必须首先调整实训管理结构。实训管理结构主要包括：①师生结构，要确立师生之间的平等关系，特别是学生在实训中的中心地位。②组织结构。为营造职业环境与氛围，为学生自主管理提供组织载体，要打破教学班——这种更适合讲授的组织形式，建立各种模拟职业型组织形式，如模拟公司。③权力结构。在传统的管理中，实训计划与实施的权力完全由教师执掌，学生只是被动地服从。应建立一种师生共商实训计划、学生自我管理和控制的扁平化权力结构。④考核结构。要确立以学生为主要考核主体的地位，并注重形成式考核，建立由学生控制的全程化考核结构。

当实现了上述结构的调整之后，会形成新的管理机理，发挥特定的管理功能。主要包括：①实训动力机制：对学生实施有效激励，激发学生参与实训的积极性；②实训控制机制：对实训活动进行科学控制，这主要是一种学生直接控制方式，教师的控制则是间接的。这两种机制缺一不可，只有激励机制而无控制机制，实训就会失去规范性和必要的约束；而只有控制机制而无激励机制，实训就会缺乏动力而陷于消沉，这两者缺少一个都会造成实训活动效率低下，质量降低。只有激励与控制双重机制有效互补，共同影响与作用实训过程，才能保证实训过程的高效率，促进实践教学质量的不断提高。

（二）以学生为本、全面参与的激励机制

1. 将教学班转变为学习团队组织——模拟职业型组织

美国麻省理工学院教授彼得·圣吉提出的"学习型组织"理论强调现代组织是一个通过不断学习来提升生存和发展的能力的系统，是一种团队组织。团队管理理论主张从传统的"命令型"、垂直式管理组织转变到"民主型"、扁平式的团队管理组织，强调自主管理，沟通合作。

适应实践教学的需要，打破教学班的唯一形式，尝试建立各种形式的团队学习组织，即各种与所学专业对应的模拟职业组织形式。主要做法是：经过竞聘选出各公司总经理；并通过招聘与自愿组合的方式组建若干课程模拟公司，实践教学以公司为单

位组织；各公司自主安排课外与校外各种专业性活动。

2.学生自主管理、全面参与

为最大限度地鼓励学生参与教学过程的设计与管理，实行"三同一轮"：课前师生共同设计与策划教学安排（将实训指导大纲发给学生）；课上师生共同组织实践活动（由学生模拟公司主持）；对实训成绩师生共同评价（以学生为主，教师为辅）；实行课程公司轮值主持制，即每一章都由一家轮值主席公司负责主持该章的教学与实践活动，并负责评定全班成绩。学生自主管理的团队学习促进了学生的全面参与、全员参与、深度参与。

3.运用多种形式激励学生参与实训积极性

按照美国心理学家赫茨伯格提出的"双因素论"，激励人工作最有效的因素是一些和工作本身相关的因素，即人本身对工作本身感兴趣。运用到教学领域，调动学生实训积极性最有效的激励因素是使学生对实训本身感兴趣。

在实训中对学生有明显激励的因素主要有：

（1）实训内容的有用性。在实训之前及过程中，教师要引导学生认识实训内容在未来就业中的重要意义，以吸引其积极参加。这是最基本的调动积极性的因素。

（2）实训方式的趣味性。实训方式本身的有趣性以及克服单调乏味的新奇感，都会吸引学生积极参与。

（3）表现欲的满足。年轻人的一个突出心理特征就是有很强的表现欲望，愿意在别人面前显示自己的长处、能力和热情。在实训过程中给学生以更多的表现机会，使实训的过程成为学生广泛参与、自我表现的过程，就会极大地调动学生参与实训的积极性。

（4）增强挑战性。争强好胜是年轻人的又一大特征。在实训中有意识地设置一些难题与障碍，或强调活动的困难程度，会使学生产生一种敢于挑战强者、战胜困难的激情与勇气，从而以更高的热情积极参与。

（5）鼓动竞争。竞争会使个人或群体产生巨大的压力与动力。在实训过程中，有意识地设计一些个人或团队之间的竞争，如企业盈亏、绩效排名等，就会使那些不甘落后的学生认真对待，全力以赴，一争高下。

（6）营造心理突破氛围。学生的情绪极易受到环境与群体因素的影响。在消沉冷漠的气氛中，学生的激发是很难被激活的。因此，在实训中营造一种有利于激发学生热情的氛围是至关重要的。

（三）以自我管理与科学考评相结合的控制机制

1.精细严密的组织

实训活动鼓励学生自主管理与自我控制，绝不等于教师无所事事，恰恰相反，这需要教师付出更多的努力与计划。教师的角色从台前走到台后，从直接控制转到间接控制，这就需要教师精心策划，严密组织，提供尽可能具体的指导与帮助，引导和支持学生更好地组织与控制实训教学。特别要抓好事前设计、师生共商、实施中引导、全程帮助等关键环节。

2. 人性化教育与管理

鼓励学生自主管理与自我控制，也绝不等于教师完全放弃教育与管理。问题的关键是要放弃空洞说教和简单的行政式管理，取而代之的是实施基于现代"以人为本"的人性化教育与管理。在实训教学中，教师要以平等身份，以沟通的手段，同学生进行广泛的互动与交流，启发学生的自主、自律、自强意识，深入感悟职业意义与职业体验，增强训练技能自觉性，以开展有序、高效、高质量的实训教学。

3. 以自我管理为核心的团队约束

团队管理的核心是自我管理，是靠成员角色的自律和团队成员之间的互律，以及整个团队的隐性规范、群体氛围、内在压力实现的。在实训过程中应充分重视与发挥学习团队的约束作用，实施内在的柔性化控制。要按照现代学习团队的要求建立模拟职业性组织，使其形成较强的内在凝聚力、先进的群体规范与氛围，并进而形成各团队之间的良性竞争，以充分发挥团队的内在约束作用。要尽可能以模拟公司为单位组织实训活动，提高公司的组织者地位；以模拟公司为单位统计学习成果，定期公布，强化公司间竞争；并将各公司成果记入其成员的学习成绩中。

4. 全程化、全员化、立体化考核

要构建全新的考核体系，突出学生的全员考核地位，突出全过程考核。

考核对象全程化。把学生实训的全部过程、每项实践都列入考核范围。课程评分结构为：平时60分（主要是实训成绩）+ 期末40分（包括30分网上考试和10分口试）。

考核主体全员化。学生在实训过程中的考核，全部由全班同学或轮值主席公司的全体成员评估打分，每个人都有机会为全班同学打分。按照"大数定律"，实际考核成绩是基本合理的。

考核媒介立体化。主要有：项目考核、操作考核、作业评定、现场评估、集体打分、网上考试、口试等多种形式。并实现考核手段计算机化。如编制自动组卷软件与网上考试软件，以实现网上考试。

第六章 "双师型"师资队伍建设，培养教师实践能力

第一节 "双师型"教师的内涵

一、"双师型"教师概念的形成

"双师型"教师是我国职业教育发展到一定阶段产生的一个独特的概念。该概念的形成大致经历了 4 个阶段。

1. 源自职业教育发展的现实

20 世纪 80 年代初，我国的职业教育特别是中等职业教育开始迅速发展，大量的普通高中改制成为职业高中，这样的职业高中没有职业教育的经验，没有相应的设施设备，没有专业师资。所以当时的职业学校很自然地寻求与企业的合作，专业课与技能课的教学多由企业人员担任。随着职业教育的发展，职业学校开始有了自己的实习与实训设施，通过改行等方式培养专业课教师，并从高校毕业生中引进专业师资。但是恰恰是职业学校办学独立性（封闭性）的增强，在师资方面出现了严重的问题：无论是职业学校自己培养的教师，还是来自高校的毕业生，普遍缺乏动手能力与实践能力，无法承担起培养学生职业能力的重任。由此，如何通过后天的措施对原有的师资进行"改造"，以适应技能型人才培养的需要，成为师资队伍建设的重要内容，"双师型"教师就是在这样的背景下被提出的。

2. 形成于高职高专的实践

20 世纪 80 年代末 90 年代初，高职高专得到快速的发展，一个重要的背景是，高职高专的前身多为以前的中专，是以理论教学为主的学术性的专门学校，升格为高职高专后，其师资结构同样无法适应职业教育的发展需要，专业课教师有较好的理论功底，但是实际动手能力偏弱，在高职高专，职业教育的理论研究与实践上的探索较中职学校更为系统与深入，在师资队伍的建设方面，鉴于专业教师的动手能力普遍缺失现象，高职高专首先提出了"双师型"教师的培养问题。因此一般认为，"双师型"教

师的概念最早是南工科类专科学校在实践的基础上提出的。1990 年，王义澄在《中国教育报》上发表了《建设"双师型"专科教师》一文，介绍了上海冶金专科学校培养"双师型"教师的做法，说明在高职高专，对"双师型"教师不仅在概念上有了初步的认识，而且在实践上有了一些具体的举措。

3.受推于政策与行政的力量

"双师型"教师的概念在职业教育领域之所以能受到广泛关注，并成为职业教育师资培养的重要组成部分，与行政和政策的引导、推动密切相关。1995 年原国家教委《关于建设示范性职业大学工作的通知》中明确要求"专业课教师和实习指导课教师具有一定的专业实践能力，其中 1/3 以上的达到'双师型'教师"。此文件的印发标志着"双师型"教师这一概念在中国教育政策上正式提出，也表明了职业教育领域对"双师型"教师及其队伍建设的研究上升到政策的高度。其后，1997 年召开的全国职教师资工作会议也指出：师资工作"以建设'双师型'师资队伍为重点"。1998 年颁布的《面向 21 世纪深化职业教育教学改革的原则意见》中对"双师型"教师的内涵作了比较明确的规定："要采取教师到企事业单位进行见习和锻炼等措施，使文化课教师了解专业知识，使专业课教师掌握专业技能，提升广大教师特别是中青年教师的实践能力。要注意从企事业单位引进有实践经验的教师或聘请他们做兼职教师。要重视教学骨干，专业带头人和双师型教师的培养"。1999 年《中共中央、国务院关于深化教育改革全面推进素质教育的决定》中进一步明确：必须"加快建设兼有教师资格和其他专业技术职务的双师型教师队伍"。

4.明确于新时代的要求

2000 年 1 月，教育部《关于加强高职高专教育人才培养工作的意见》（教高〔2000〕2 号）再次强调"抓好'双师型'教师的培养，努力提高中、青年教师的技术应用能力和实践能力，使他们既具备扎实的基础理论知识和较高的教学水平，又具有较强的专业实践能力和丰富的实践工作经验""要有计划地组织教师参加工程设计和社会实践，鼓励从事工程和职业教育的教师取得相应的职业证书或技术等级证书，培养具有'双师资格'的新型教师"。2000 年 10 月，教育部高教司在《关于印发（高职高专教育教学工作优秀学校评价体系）（征求意见稿）和（高职高专教育教学工作合格学校评价体系）（征求意见稿）的通知》中规定了"优秀学校的 A 级标准"为"双师素质"教师占全校专任教师（"两课"、公共课教师及助教除外）的比例应大于或等于 50%，并规定高职院校教学工作合格标准为"双师素质"教师要占全校专任教师（"两课"、公共课教师及助教除外）的 20% 以上。

从 2004 年开始，教育部正式启动高职高专院校人才培养水平评估工作。按照 2004 年 4 月颁布的《高职高专院校人才培养工作水平评估方案（试行）》的规定，"专业基础课和专业课中双师素质教师比例达到 50%"只能达到 C 级标准，比例上升到

70%才有机会获得 A 级。"双师"素质的注解为："双师"素质教师是指具有讲师（或以上）教师职称，又具备下列条件之一的专任教师：其一，有本专业实际工作的中级（或以上）技术职称（含行业特许的资格证书）；其二，近五年中有两年以上（可累计计算）在企业第一线本专业实际工作经历，或参加教育部组织的教师专业技能培训获得合格证书，能全面指导学生专业实践实训活动；其三，近五年主持（或主要参与）两项应用技术研究，成果已被企业使用，效益良好；其四，近五年主持（或主要参与）两项校内实践教学设施建设或提高技术水平的设计安装工作，使用效果好，在省内同类院校中是先进水平。

2006 年 11 月，教育部在《关于全面提高高等职业教育教学质量的若干意见》中提出，"注重教师队伍的'双师'结构，改革人事分配和管理制度，加强专兼结合的专业教学团队建设""逐步建立'双师型'教师资格认证体系，研究制订高等职业院校教师任职标准和准入制度"。从同家教育政策文件中不难发现，"双师型"教师队伍建设逐渐成为高等职业教育实现培养目标的必然性要求，是提高职业教育教学质量之举措的重要内容。而"双师型"教师作为一个有中国特色的新概念也日益受到多方关注，在教育界引发了多方探讨和多种释义学说。

从"双师型"概念的提出历程可以看出，"双师型"概念的发展经历了"重素质"到"重结构"再到"素质和结构并重"的过程。从 2006 年起，教育部的相关文件则开始既关注"双师型"素质，又关注"双师型"结构，指出职业院校要规划和建设兼具"双师型"素质与"双师型"结构的专业教学团队。

二、"双师型"教师概念的剖析

综合前面对"双师型"教师概念提出历程的回顾及各方学者对"双师型"教师的学术观点，"双师型"教师的概念从内涵上看可归纳为范围、来源、知识、能力四个方面。

1. "双师型"教师的范围

"双师型"教师概念所体现的范围既包含教师个体，也包含教师队伍整体。教师个体的"双师型"体现为"双师型"素质，教师队伍整体的"双师型"则体现为"双师型"结构。教师个体通过学习、积累、提高知识和能力的方法来养成和达到"双师型"素质，教师队伍整体则通过"内部培养""联合培养"和"外部引入"等途径来形成和达到"双师型"结构。只有对教师个体和教师队伍整体同时进行培养和建设，才能尽快达到教育部对职业院校，尤其是骨干高职院校"双师型"教师及教师队伍的建设要求。

2. "双师型"教师的来源

"双师型"教师概念所体现的来源既包含校内专任教师，也包含校外兼职教师。职业教育不同于普通高等教育，是一个开放性强于封闭性、实践性强于理论性的教育，"双师型"教师的来源必须二元化，才能保证职业教育培养出技能型人才，并使其动手能力强，顶岗就能用。因此，校外兼职教师不是职业教育"双师型"教师及教师队伍的必要补充，而是职业教育"双师型"教师及教师队伍的一个重要组成部分。因此，只对校内专任教师进行"双师型"培养和建设的理念是狭隘的，职业院校应该有一个宽广的视野，对校外兼职教师也应进行"双师型"培养和建设，使其稳定化并达到职业教育的教学要求。

3．"双师型"教师的知识

"双师型"教师概念所体现的知识既应有理论知识，也应有实践知识。可以理论强于实践，也可以实践强于理论，但是不能只有理论而没有实践，也不能只有实践而没有理论。因此，针对只有理论知识的教师个体和教师队伍整体，须通过各种渠道增长其实践知识，而对于只有实践知识的教师个体和教师队伍整体则必须通过各种渠道增长其理论知识。只有这样，"双师型"教师个体和教师队伍整体才能更好地将理论和实践融合起来，并将理论充分指导和运用于实践，从而突出职业教育实践性强的特点。

4．"双师型"教师的能力

"双师型"教师概念所体现的能力既应有专业能力，也应有教学能力。只有专业能力而没有教学能力的教师个体及教师队伍整体，不能将专业知识和能力有效传授给学生；而只有教学能力而没有专业能力的教师及教师队伍，则不能传授给学生有效的专业知识和能力。这两种情况都将严重影响到职业院校"双师型"教师及教师队伍运行的实际成效。因此，在"双师型"概念的发展进程中，要求校内专任教师必须以教学能力为基础来培养和提升其专业能力；而校外兼职教师则必须进行教学能力的培养，促使其将专业能力转化为教学实效。

三、"双师型"教师的具体内涵

（一）"双"素质的内涵

1．"双师型"教师作为普通教师的基本素质

（1）"双师型"教师应具有深厚的教育科学素养和教育能力等教师的基本素质。

科学的教育理论使教师运用教育规律解决教育问题，取得教书育人的良好效果；教育能力使教师在教育教学过程中能够按照人才培养目标的要求使用必要的教育与教学技能，并改进教育思想和方法，具体包括良好运用教材的能力、语言表达能力。教育科学素养和教育能力使教师能够按照教学计划和教学大纲的要求，完成理论教学和实验教学，能够正确评价教学效果等。此外，"双师型"教师还应该掌握现代教育的理论知识，具有应用现代化教育手段进行教学的能力。

（2）"双师型"教师应具备高尚的师德素养

师德素养是教师的职业道德，是教师在教育活动中必须遵循的行为规范，是教师

全部道德品质在自己职业行为中的集中表现。"学为人师，行为世范"、良好的师德是学生效仿的榜样，是确立教师地位和威信的重要前提和基本条件。师德素养包括政治观点、科学的思想方法、坚定的政治信念、较高的政治理论水平、爱岗敬业、热爱学生、严谨治学、为人师表等。

（3）"双师型"教师应具备广博的文化知识与宽厚的专业理论

教师以传授科学文化知识，促进学生全面发展为己任，因此，"双师型"教师既要精通所授学科的系统知识，了解专业学科的发展动向和最新研究成果，也要有广博的文化知识和文化修养，有多方面的兴趣和能力。

2. "双师型"教师作为高等职业院校教师的职业素质

（1）"双师型"教师须具备高尚的职业道德

"双师型"教师除具有一般教师的师德以外，还必须遵守职业道德。教师在行业中所表现的人际关系、职业意识、职业情感与职业行为都是学生效仿的对象，会直接影响学生进入行业后的知、情、意、行，甚至影响该行业的道德风貌。

（2）"双师型"教师须具备扎实的实践技能

高等职业教育"以服务为宗旨，以就业为导向""坚持培养面向生产、建设、管理、服务第一线需要的、实践能力强、具有良好职业道德的高技能人才"，要求专业课教师具备扎实的专业实践技能，将实践技能内化为内涵式素质。

（3）"双师型"教师须掌握本专业的人才需求情势

由于高职院校的职业指导是每位教师工作的一个重要方面，职业选择是改变学生的生活和命运的慎重抉择，职业指导工作任重而道远，要求高职院校的"双师型"教师必须掌握专业人才需求情况，帮助学生了解并正确选择合适的职业与岗位，激发学生的潜在才能并引导其个性充分发展。因此，"双师型"教师需要了解专业人才需求，洞悉社会所需的专业人才规格和质量，以指导学生掌握相关的知识与技能，并使专业课程紧跟社会职业与岗位要求的变化。

（4）高职院校"双师型"教师须具备一定的应用型科研能力

高职院校的应用型科研主要分为两个重要方面，一是以高职教育理论与实践本身为研究对象，通过观察、实验、分析、研究，探索出具有普遍意义的教育、教学规律；二是以专业实践作为研究对象，重在技术服务与推广。此外，高职院校的"双师型"教师应具备市场调研和分析能力、策划和组织能力、技术开发推广能力等等。

（二）"双"能力的内涵

1. 专业理论能力

专业理论能力的基础是广博的文化和专业基础知识以及全面、系统、深厚的专业理论知识。"双师型"教师必须具有扎实的专业基础理论知识和广博的知识结构，了解本学科或该领域的发展动态和最新技术成果，有较高的理论水平，以保证高水平的教学质量。"双师型"教师不但要对教学大纲所要求的知识全面掌握，理解透彻，还要及时了解本专业的发展前沿动态的知识，并及时把新知识、新技术、新理念授予学生。

2. 专业实践能力

专业实践能力指较强的教学科研能力与素质、熟练的专业实践技能、组织生产经营和科技推广能力以及指导学生实践的能力和素质的结合。这要求"双师型"教师必须具备特定岗位群的技术技能，熟悉生产实践，能从事相关专业技术开发和专业技术服务工作，有与学生获取的多种岗位资格证书或岗位技能证书相关的证书（级别要高于或等于学生所获取证书的级别），并具有较强的理论和实践的综合能力，并能及时掌握本专业群的最新操作技能。专业实践能力是"双师型"教师最重要的核心能力。首先，专业实践能力要求"双师型"教师在理论知识、追踪专业前沿性问题和专业发展趋势方面具有高度敏感性。其次，专业实践能力要求"双师型"教师具有实际操作能力，尤其在专业领域内从事试验、生产、技术开发和科研等工作的专业操作技能。此外，专业实践能力要求"双师型"教师具有一定的专业操作指导能力，具有较强的亲自动手示范能力、针对实践中的疑难问题的现场指导能力。综上所述，高职院校"双师型"教师可以被界定为具备教师的基本素质和资格，即专业课教师既要有全面的专业理论知识，又具备较强的岗位实践能力，逐步向"教师—工程师""教师—技师（高级工）""教师—会计师"等二元复合方向发展的专业课教师。高职院校的"双师型"教师，指专业教师中既具有"讲师"（或以上）素质和能力，又具有本专业或相近专业实际工作的"工程师"（或经济师、会计师、主管护师等同层次及以上）素质和能力的教师，即"讲师"与"工程师"的素质与能力合于一体的教师。"双师型"的各项标准都在要求高职院校"双师型"教师要走向社会、了解企业生产经营情况，尽量做到理论联系实际，加强教学的针对性，不能只限于具有较高的技能教学水平，要有比较全面的专业基础理论，不仅"知其然"，而且"知其所以然"。

四、准确把握"双师型"教师内涵

1. 高职院校"双师型"教师首先应是合格的高校教师

高职院校的教师，首先应取得高等教育法规定的教师资格。从教师的职务、职称来看，只要他是合格的教育者，并具备相应的社会实践经验、能力，助教也可以进入"双师型"教师行列，而不一定非是讲师（或以上）才可以被认定为"双师型"教师，否则将不利于"双师型"教师队伍的整体建设。

2. "双师型"教师应具备相应的实践经验或应用技能

（1）从技术职务（职业资格）的条件看，如果已经是个合格的高校教师，又具备初级以上技术职务（职业资格）的话，就可以进入"双师型"教师系列。

（2）对已获取初级以上技术职务（职业资格）的教师来说，不能见到"双证"就定为"双师"，学院应进行以下方面的把关。一是看其拥有的技术职务（职业资格）是否与其所施教的专业一致；二是看其考取的证书是否从理论到理论，即是否通过纯考试手段获得的。据此，笔者建议将教育部"有两年以上在企业第一线本专业实际工作经历"与"有中级（或以上）技术职务"的分别规定合二为一，并作如下修正，即符合如下条件的可认定为高职"双师型"教师："具备助教以上的合格教师，获取初级以上技术职务（职业资格），并在基层生产、建设、服务、管理第一线有累计两年以上实际工作经历的。"

（3）对"主持或主要参与两项应用性项目研究，其研究成果被企业应用，并取得良好经济效益和社会效益"，作为"双师型"教师"实践能力"的条件，我们认为应该将"良好"从定性转向定量。如规定科研成果须给企业当年直接增加税后净利10万元以上，或获得区（县）以上政府特别嘉奖的，方能作为高层次"双师型"教师实践能力的条件。

3. "双师型"教师按专业不同，其素质要求应有所不同

高职院校的专业可按大类分为社科类（企业管理、市场营销、财会、法律、物流、商务等）与技术应用类（机械制造、应用化工、电子信息技术、精密加工、自动控制等）。

社科类"双师型"教师应该突显以下方面的素质：社会实践经验的积累和应用；良好的沟通、协调和组织能力；社会、市场经济和全球化的适应和引导能力；扎实的专业知识水平和专业应用能力；与时俱进的创新能力。

技术应用类的"双师型"教师则应突现以下方面的素质：了解并掌握所授专业相对应行业的应用技术的动态，能够通过专业授课、实训、实习，使学生掌握就业岗位所需的应用技术和职业技能；具备肯动手、勤动手、会动手的操作习惯和实践修养，引领学生走"从书本到实践，再从实践到书本"的技能提升之路；能够教育学生形成相关行业的职业素养，如维修技术人员"不怕苦、不怕脏"的品质等；能够通过应用项目的研究和应用技术的创新等活动，培养学生的技术创新、技术革新意识和能力。

4. 不同层次的"双师型"教师的素质和使命应有所不同

按照专业理论水平和实践能力，高职院校的"双师型"教师可分为初级、中级和高级，分别对应助教、讲师和副教授以上三个层面。

（1）助教级的"双师型"教师，主要以讲授理论课为主，同时能够指导实训。在实践应用方面，他们一般不够全面和深入，但对所授专业相关的社会实践有整体的了解。他们必须通过学校实验、实训和参加更多的社会实践，丰富实践经验，提高实践技能。

（2）讲师级的"双师型"教师应具备扎实的专业知识、专业技能，掌握所授专业

相关行业动态和职业技能；同时能够根据行业和职业的发展变化，对本专业建设提出有价值的建议。

（3）副教授级的"双师型"教师的专业水平和专业应用能力，应相当于专业指导委员会委员的水平，能够通过参加高级专业研讨会、亲身社会实践、进行行业（职业）调查和专业分析等一系列活动，对专业的社会适用性、专业课程的设置和调整、专业的变化方向及实践教学创新等提出建设性意见，从而为高职专业开发和建设做出较大的贡献。

总之，"双师型"教师绝非仅指"双证书"教师。放眼未来，"双师型"教师还不是理想的高职教育教师，未来理想的高职教育教师在专业理论知识和专业实践能力上应呈现整合的"一"，而不是目前所强调的"双"，"双师型"教师也只是我国现阶段高职教育教师专业发展过程中一个过渡性的必然产物。

第二节　高校对"双师型"教师培养方式

国家有关机构成人教育司司长黄伟指出："学校可以遵循教师资格，其次是专业技术人员，从 MTCSOL 招募技术工人，以增加未定义的双重类型 RATIO 的 TIO。双师型教师已成为一名老人。发展职业技术教育的关键是要使就业方向适应高职教育的建设，提高双师型教师的实践技能和要求，就是要建设一个高质量的社会。应用型人才的培养也是高等职业教育的主要方向。在师资队伍建设方面，鉴于当下国家教育水平还在逐步完善之中，教育理念也正一步步形成自己的特色，"双师型"教师团队正是为了今后的进一步发展而着手建设。

一、社会层面上的"双师型"教师建设也在进一步展开

从改变语言习得能力和提高技能出发，社会中的每个成员都要为此做出贡献。政府方面，应结合实际情况提供资金支持，从经济方面建设高素质教师团队，增强对其能力的培养，因此，政府应该增加对"双合格"教师的舆论、政策和经济支持。

（一）社会言论导向正确、"双师型"教师实力建设

社会舆论应掌握好自由言论的平台，坚持高素质教师团队建设的正确导向，在努力培养"双师型"教师高水平教学能力的同时也不要忘记对素质的提高，发展其社会地位，以此在社会上享有更高的声誉，在全社会形成学新风、树新风的教学习惯及行为，社会需要高水平高素质的教师推动社会文明，带动社会成员受教育程度的提升，提高社会大众对"双师型"教师的理解和宽容，还有就是要搭建良好宣传平台，营造良好

氛围，倡导"双师型"教师队伍。社会的良好氛围会促进高水平教师团队建设，在教师培养方面，政府、社会及教师本身都应为此努力，从政治、经济的角度去考虑实力建设。它以综合的方式发展。通过"双师型"教师，两者的结合是一个全面发展的过程。社会认可并鼓励专业教师认识"双师型"教师。

（二）系统支持提高当下教师素质评价标准

在"双合格"教师的界定上，各界人士都提出了自己的看法，其中一些是理论上的和可操作的。其中也有一些是具有一定的操作性难以实现的，因此，在国家层面上来看，应该建立合理有序的素质评判标准，将教师行为纳入评价指标，以量化的实验结果从细节入手培养多方面的高素质教师。当然，在社会各界也大不相同。应根据行业特点制定相应的规章制度，对各行各业的职业特点制定相应的规定，在实际操作中我们会发现，在不同标准下的教师素质评价存在差异。因此，视觉形势从两个方面入手，包括简单而言的"双师型"教师，以及高级说法中的先进层面上的"双师型教师"，即是初级"双师型"教师，中级"双师型"教师和高级"双师型"教师。与普通高校（包括学习型）相适应或类似，以监督和提升高职教育促进高校"双师型"教师队伍的建设与发展。

（三）提高"双师型"教师待遇的经济支持

充足的资金、良好的福利和舒适的工作环境是"双师型"教师的必要条件。他们有大专以上学历。教师和职业资格证书中有一半以上的资历高于高级职员，培训期长，难度大。在德国，大多数人直到而立之时才成家立业，有稳定工作，在待遇方面要考虑家庭和工作两方面，因此，政府需从经济条件上优待"双师型"教师。

二、充分发挥学校主导作用，扩大师资力量建设

学校本身掌握大量资源，在建设方面发挥着主导作用。在政策法规的约束下，引入"双师型"教师不是来自学校教师。因此，只有通过延长时间和创造条件，教师才能在学校更好地调动教学积极性，在学习的同时更好地负责"双师型"教师效益建设。

（一）岗前培训

职前培训主要招收高职院校毕业生，招收优秀学生，并拥有大量的教育生源和教师。主要招收的毕业生有鲜明的教学特点，个人教学风格吸引学生，专业能力得到高度评价，获得了学位证书及教学资格和职业学校，保留了这些证书并使用它们。如果他们继续在工作中接受训练和训练，他们很快就会成为一名资深的高素质高水平教师，在培训中也可以使自己学习能力得到提升，与同事的接触更加频繁，与学生的互动更加自然。这种训练也为今后的教学任务打下良好的基础，不再以理论为主，而配以实

践指导行为，在训练中考虑每位教师的实际教学风格，要遵循学者和学科追求的系统性、专业性的内容。由于技术知识的应用和实践，许多大学生对职业学校的非教学、学习和学习理论有了深刻的认识。将理论和实践结合到教学任务中，以多种形式将学生的积极性调动，开展系列活动，提高他们的实际应用技能和综合素质。在课程教学中，还有教学形式，丰富的知识和探究教学。

（二）学校内部研究

在学校内部开展的教师培训是通过对教师的二次学习，对能力的检测和增强。在这里，高校校本研究是指根据高职教育的实际情况和特点，并针对教师自身教学特点研究，考虑教学课堂实际情况开展一系列学习活动，将教师的学习放在首位，以此督促学生的学习教育，提供便利条件和充足资源鼓励教师的校本研修训练，支持教师的在职教育。

三、学校外部来源

高职院校除在校内开展学习活动外，在校外同时引进较为完善的系统学习，多加关注外部来源。

（一）其他大学的介绍

高职院校如何做好高职院校工作是高职院校面临的重要课题。可以向相关大学的高水平和感兴趣的毕业生提供职业和技术教育，并将其交给 PEDAG。在教学的基础上，高职院校将在其他大学的经验下开展符合自身实际条件的教育研究，结合当下师资力量和情况，将高素质教师继续拔高，推进中等水平教师的发展，考察其实际工作能力，将高等职业教育深入人心，配以职业教育专家有特殊兴趣。

（二）其他社会产业介绍

"双师型"教师除了创造条件加强学校内的培训外，还努力培养高的教学标准和丰富的实际经验，对一些急需的教师来说，具有很强的专业操作能力，其他企业、机构和研究机构的学校、职业和技术学院。社会服务产业的引入丰富了专业技术人员和管理人员的教学人员，他们有扎实的基础理论、实践经验和教育理论知识。

（三）兼职方面的教师建设

在兼职方面，兼职教师应享有同等权利，在快速发展的今天，这也是高职院校的教师团队建设发展的必然结果。这一措施也对教师提出了更高的要求。他们无法适应教学目标、教学方式和手段的改善，在专业课上力不从心，因此也推动了兼职教师这类人群的出现和发展，从专业课程转向专业课程。特别是学生教师的角色是在教学环节中极为重要的，但同时存在着很多问题，所以，社会上兼职教师也是高职教师的组成部分。

第三节 高职院校"双师型"师资队伍建设现状

一、高职院校"双师型"教师队伍建设成绩

1. 师资的整体素质优良

"双师型"教师首先要具备教师的普遍素质，即道德素质、教学能力及专业科研能力。目前"双师型"教师首先具有正确的政治方向以及世界观、人生观和价值观，能够自觉以为人民服务为宗旨，以正确的立场、观点和方法教育学生。其次是具有良好师德，热爱本职工作，忠于教育事业，传道授业、教书育人、为人师表、以身作则，热爱和关心学生。再次是具有良好的学术水平，且不断钻研。教师在教育好学生的同时，自己也不断搞科研，既教书育人，又自我发展，把两者很好地结合起来。最后是具有良好的教学能力。教师不仅知识渊博，而且教学态度严谨，刻苦钻研教材，不断改进教学方法，提高教学效果。

2. 教师思想认识得到提高

通过调查发现，有不少教师原来没能充分地认识到"双师型"师资队伍建设的重要性，他们大多数认为学校教师把学术搞好就行了，实践是学生自己的事，并且老师精力有限，没有必要再去研究实践。通过大力宣传和引导，教师提高了认识，对"双师型"师资队伍建设的重要性有了更深的认识，同时也认为具备"双师型"教师资格是必要的。教师在充分认识到实践的重要性和必要性的基础上，主动利用寒暑假社会实践，不仅锻炼了自己，提升了自身的专业实践能力，而且为更好地指导学生的实践奠定了基础。

3. 学校领导对"双师型"教师队伍建设的重视程度有所提升

高等职业教育要想取得实效，"双师型"教师队伍的建设是重中之重。经调查发现，有78%的教师认为学校领导对"双师型"师资队伍建设的重视度比过去有所增加。目前，绝大多数的高职院校都在积极采取措施，加快"双师型"队伍的建设。比如说，学校领导召开专题会议研究"双师型"师资队伍建设问题；鼓励并要求教师利用寒暑假参加社会实践；面向社会从技术人员中选拔专职教师和兼职教师等等。调查中发现，几乎所有学校都制定了鼓励教师提高学历层次的具体办法，对教师参加社会实践也都做了相应规定。

4. 兼职教师队伍的建设得到各高职院校的普遍重视

面对社会大环境对技术应用型人才的需求，高职院校培养"双师型"教师的步伐不得不加快。因为技术型人才的培养，只靠书本知识的学习是做不到的，实训锻炼也

是必不可少的，因而聘请一大批具有实践经验的行业精英、企业骨干来学校任职，实现社会和学校的接轨，是必要的。目前，各高职院校都已充分认识到兼职教师的重要性，正在努力建立一支相当稳定的兼职教师队伍。调查发现，兼职教师队伍的建设可以通过以下几种途径进行：一是聘请其他学校的在职教师或者具有高级职称的退休教师做兼职教师；二是聘请企业单位的高学历技术骨干，加强与社会的联系和沟通，建立人才交流基地。

5.“双师型”教师的数量和比例大幅提升，师资队伍充满活力

从近几年的高校教师发展情况来看，高职院校对“双师型”教师培养和引进也越来越重视。主要表现在：“双师型”教师队伍不断壮大，教师数量在不断增加，比例也在不断提升。而从师资队伍的结构上来看，各高职院校的师资队伍也充满了活力，一是师资队伍的年龄上升，教师越来越年轻化，中青年教师所占比例正在不断增加；二是教师的职称水平上，高级职称水平正在不断提高；三是中青年逐渐担负起各专业的学术骨干；四是师资队伍实现专兼职结合。

二、高职院校“双师型”教师队伍建设存在的问题

近年来，我国高等职业教育师资队伍取得较大进步，在规模、结构和整体水平上都有很大的提高。但不得不承认，高职院校“双师型”师资队伍建设还存在许多问题，许多方面的建设尚未成熟，现状不容乐观。

1.教师层面

（1）观念态度问题

教师是联系学生与所学知识的桥梁，教师自身专业技能水平直接关系到学生的培养质量。“双师型”教师是职业教育对从教教师的要求，为教师的专业化发展指明了方向。当前受各种因素的影响，教师对“双师型”教师建设重视程度不高，对“双师型”教师建设缺乏足够的认识，集中表现为：第一，观念落后。当前我国很多高职院校是在“三改一补”的基础上建立起来的，再加上“重文轻武”等传统思想观念的影响，很多教师在职业教育教学中比较重视理论知识的教授，普遍存在“重理论、轻实践”“重知识的传授、轻技能的培养”的现象。这就导致教师对专业技能、实践能力提升的积极性不高。第二，态度不重视。职业教育是与经济社会紧密联系的教育，它有着鲜明的实践性、针对性、实用性。因此，教师传授给学生的知识、技能必须紧跟时代的步伐，必须教给学生某一岗位（岗位群）的新知识、新技能、新方法等。很多教师却以教学任务重、没有时间、太忙等为借口，在专业技能上缺乏不断进步、主动适应和精益求精的态度，最终导致教师专业技能不适应专业要求，影响了学生的培养质量，阻碍其向“双师型”教师的发展。第三，自我优势观念问题。自古以来，教师职业被认为是

高尚的、伟大的，教师也被誉为"人类灵魂的工程师"，教师在历史舞台上始终扮演着受尊重、优雅的角色。这种几千年来的角色影响，使教师形成了一种自我优势，很难放下架子、丢下面子与一线劳动者打成一片，这严重影响着提高高职教师专业技能的重要环节——顶岗锻炼的实质性进展。

"双师型"教师的建设需最终落实到教师个体，只有充分调动广大教师的积极性、主动性，直视其重要性，重视向"双师型"教师的发展，才能加快"双师型"教师专业技能发展的步伐，实现"双师型"教师建设的目标。

（2）专业素质问题

当前，普通高校毕业生成为高职院校引进新教师的主要来源。这一方面给高职院校带来了机遇，可以借此优中选优，选择大批素质较高的毕业生，使其成为"双师型"教师的储备人才，但另一方面，这部分教师直接由普通学校学生过渡成为职业教育教师，缺乏一定的专业工作经历，其专业技能水平较差，或是与企业技术相脱离。这部分教师与从企事业单位招进来的技术人才、业务骨干、管理精英相比较，在起跑线上已经落后一大截，由此，对于他们的专业技能培养需要付出更大的代价。

（3）现实状况制约

高职教师的专业技能培训主要为脱产学习。其形式多为：高校脱产培训、培训基地培训、企业挂职锻炼等等，这些培训方式往往要求教师集中一定精力和时间，进行一个阶段式的学习，而这往往与教师的日常教学工作相冲突。近几年，随着高校招生规模的不断扩大，在校学生人数大量增加，这大幅度地增加了教师的工作量。教师整日忙于完成日常教学任务，因而难以坚持专业技能的培养，如深入业务部门进行调研和顶岗锻炼等。教师轮训制度更是无法保证，教师也无暇经常参加工程实践并获取更多的新科学、新技术、新工艺以融入教学之中。因此，如何处理教师教学工作和技能培训的时间冲突是阻碍教师专业技能培养的一大难题。

2. 学校层面

（1）培训意识薄弱

我国大多数高职院校对教师的培训意识较为薄弱，大多只是停留在职前培训，而且比较形式化，对于在职培训更是少之又少。培训渠道单一，主要是国内的培训，而且较多针对学历方面的培训，对于专业技能的培训很少。同时，学校本身很少有专门的培训机构，难以制定相应的培训机制，较难拓宽培训场所、增加培训机会。此外，对培训成本的误解也直接影响了培训的开展，高职院校往往是能省则省，尽量减少需要较多精力和较大开支的技能培训。目前"双师型"教师的专业技能培训层次不高，专业性也不强，很难对口培训，这在一定程度上阻碍了专业课专任教师获取技术等级证书，从而难以达到"双师型"教师的准入资格。

（2）管理流于形式化

目前对于高职院校教师专业技能的培养多采用校本培训、基地培训、顶岗锻炼等形式，高职院校对教师培训的管理比较简单粗放，强调自我管理的多，落实监督检查的少，重量不重质。有些院校虽有管理制度但形同虚设，对培养过程会提出要求，但往往较笼统含糊，不能有针对性地做出计划和安排。有些时候这些培养过程成了教师的个人行为，如由自己决定参加何种培训、决定顶岗的单位或岗位、培训期间的工作学习内容和方式等。学校缺乏有效的组织、监控与指导：培训期间的中期检查管理不到位，导致形成"松散的结合体"；终期考核大部分流于形式，造成培训结果相距目标甚远，影响了教师专业技能培养的实效。而且，教师在专业能力培养之后，其培养结果评定、培训归来的对应使用方面没有得到很好的落实，在后续发展方面未能进行积极规划，长此以往所培养的教师专业技能也会渐渐丧失。

（3）激励政策不完善

人的行为具有动机性，激励的关键在于激发人做事的动机。"水激则石鸣，人激则志宏。""双师型"教师专业技能的发展除了需要教师自身的努力外，还需要高职院校制定相关的激励政策，如福利待遇、培训等。各方面完善的政策措施是推动"双师型"教师专业技能发展的外在动力。目前绝大多数高职院校都制定了一些激励措施，但是制定针对"双师型"教师专门化的激励制度的高职院校却不多，且对"双师型"教师的激励并没有与非"双师型"教师区别开来，很多学校实行统一的激励政策，其中还存在一些问题：制度激励柔性不足，按需激励亟待确立；制度激励不当，精神激励不够；过分考虑结果激励、忽视过程激励等。这导致了教师的满意度较低，缺乏提升专业能力的自主意识，不利于"双师型"教师的成长。完善的、令人满意的"双师型"教师激励政策是"双师型"教师发展的助推器，它能极大地刺激"双师型"教师的发展，提高"双师型"教师的发展速度。

（4）考评体系不科学

高职院校在引进人才时，往往重视高学历、高职称，很少有"高技能"方面的考量。在现行教师考评体系中，由于缺乏适合高职教师特点的国家标准，对"双师型"教师素质的认定也没有权威标准。因此，目前多数高职院校沿用普通本科院校或研究型大学的标准来对高职教师进行考核评定，尤其是在教师职称的评定上。这样的政策导向无疑使教师重科研轻教学、重知识轻技能。

随之而来的是在滞后的人事政策的导向作用下，高职院校对教师应用型科研成果的关注度普遍较低，考评体系中往往只关注教师在核心期刊上发表文章的数目、开展项目的多少，并不对其内容进行能否应用于实际生产的偏重强调。高职教师的科研应当侧重于应用研究，在提高自身专业技能的同时，为企业解决技术难题，开发新技术新工艺，而不是进行学术性的基础研究。但由于横向项目的价值认定困难，与现有科研成果统计口径不对称，有些学校对教师从事横向课题的研究并不十分鼓励，其成果甚至不能被列入职称评审、教师考核体系的范围，因此，政策的导向造成教师缺乏进行应用性研究的热情和提高自身专业技能的动力。

（5）服务企业能力不足。

目前，与企业的合作在对"双师型"教师专业技能的培养方面占据了很大的部分。在当前校企合作促进职业教育内涵发展的进程中，普遍存在着学校一方"热"，而企业积极性不高的现象。建立一种稳定的校企合作关系，要求高职院校要不断提高各方面的综合素质，只有不断提升服务企业的基础能力，才能保证校企合作畅通无阻。

企业希望高职院校有一支高素质的师资队伍，有符合行业、企业要求的专业、课程，有能够适应企业岗位需求的毕业生。在校企合作中高职院校和企业的地位是平等的。如果一方实力太弱，则这种合作关系就无法维持。

企业与学校合作的目的是希望借助职业院校的优势资源解决企业的技术难题，对企业内部员工实施培训。但高职院校服务社会的基础能力严重不足，其具体表现在：一方面，大多数高职院校实习、实验条件差，教师科研能力不强，学校在校企合作项目中难以给企业带来直接的、有用的帮助。另一方面，当前高职院校教师数量少，教学任务重，压力大，没有时间也没有精力深入企业实习、锻炼，更没有机会参与企业的生产、经营，为企业提供相关的支持和服务。

再加上高职院校输送的毕业生不能满足企业需求，这必然影响企业参与职业教育的积极性。职业教育自身服务能力差，对企业帮助不大，使得企业难以在这种合作中获益，企业对于校企之间的合作不够积极，这阻碍了"双师型"教师专业能力的培养。

3. 企业层面

（1）缺乏责任感和义务感

与职业教育发达国家相比，我国职业教育起步较晚。在其发展之初，就存在着种种先天不足。我国职业教育可以说是一种"内生设计型"职业教育，即主要依靠政府的力量实现自身飞速的发展。企业在职业教育中的作用依旧没有得到充分的实现。然而，职业教育的发展离不开企业的支持，职业教育教师队伍的建设亦离不开企业的参与。

纵观我国职业教育的发展，企业在当前师资建设中的作用并不明显。企业作为一种营利性经济组织，以追求经济利益为主要目的。而职业教育的本质在于准公共性质，以培养人才为目标。企业与职校合作时，首先考虑的是这种合作能否给自己带来利益，这种利益是直接的还是间接的。参与职业教育等于把钱花在公共利益上，这必然会影响企业利润目标的实现。校企之间的这种合作一旦对企业的生产运营带来威胁，企业则毫不犹豫地终止这种合作。企业仅仅把眼光放在短期、近期利益上，缺乏长远眼光。有的企业甚至把教师、学生的实习看作解决自身"用工荒"的一种手段。校企双方在利益追逐上的分歧使得企业参与合作的积极性不高，企业参与职业教育成为可有可无的自愿行为。企业承担具有公益性质的校企合作责任与企业自身利益最大化的理性"经济人"目标存在冲突，这种冲突有时很难调和甚至不可调和。除此之外，企业对校企合作所作出的贡献得不到社会认可，企业在这种合作中的付出得不到相应的利益补偿也成为企业参与性不强的原因之一。

（2）顶岗锻炼落实不到位

专业技能是需要不断更新的，是动态发展的，为了培养能迅速掌握高新技术、融入高科技发展行业的技能型人才，"双师型"教师必须掌握最前沿的技术。但在顶岗锻炼时，由于企业本身是以盈利为目的的，教师的顶岗不能给其带来任何经济效益和技术指导。相反，企业还得派师傅或技术骨干无偿培养教师，一旦培养成功，教师又不可能长期为企业所用。这对企业来说是不划算的，因此企业对教师的顶岗锻炼没有诚意，只是敷衍了事。最终，教师得不到企业的支持，顶岗锻炼只能停留在实习单位和实习师傅的确定、电话沟通、实习过程材料的收集整理、实习汇报总结等表面文章上。而还算有意义的也就是进厂走走、看看、转转，熟悉一下工作环境和工作流程，了解一下关键的工作步骤，以便汇报总结，而企业惧怕技术的流失，甚至可能连生产工艺都不愿意让顶岗教师接触，导致教师没有实质性地进行岗位操作、体验，接触到的技术含金量较低，成为严重的走过场、搞形式，教师专业技能的提高也无从谈起，最多是开阔眼界而已。

4. 政府层面

校企合作共建、提升"双师型"教师专业技能是目前"双师型"教师培养的有效途径，也是经济发展对职业教育提出的客观要求。这种合作是企业、高职院校两种不同的利益主体，在各自不同利益的基础上进行的合作。学校和企业处于这一矛盾统一体中的两端，不可避免地存在着矛盾，仅依靠双方的自由合作，无法保证其长期性、稳定性。因此，政府必须以强有力的第三方介入，并对其进行统筹、指导、协调和监督，为合作提供最基本的保障。在学校与企业的合作关系中，双方是相互合作、相互服务的关系。这种合作的持久、稳定需要双方均获利。如果某一方利益受损，合作就会中断。尤其是企业作为对市场适应比较敏感的一方，其生产技术、生产方式会随着市场的需求不断调整。而学校在人才培养方面的周期较长，适应市场能力较弱。一旦学校不能为企业提供适应的人才，企业为自身利益考虑则会终止与学校的合作。因此，为保证校企合作的顺利进行，需要政府在合作中统筹协调。由校企之间的合作，变成政府、高职院校、企业三方的互动，政府在这种合作中为学校、企业提供一切可能的服务、支持，保证校企合作的稳定性。

政府在校企合作中发挥着不可替代的作用。当前我国政府在合作中职能的缺失则成了合作不稳定、不深入的主要原因。

（1）政策法律不够健全

政策法律的不健全使校企合作缺少良好的合作环境。由于校企合作双方主体利益的不同，因此要实现合作，协调矛盾冲突，需要政府制定明确的政策法律，明确各方的责任、义务、权利等。德国"双元制"校企合作成功的主要原因就在于政府完善的法律约束与协调。在德国，政府制定了整套完善的职业教育法律体系用以规范职业教育，并对企业、学校、学生三者的义务、责任做了明确的规定，如《职业教育法》《青年劳动保护法》《劳动促进法》《手工业条例》。我国制定的法律不仅不完善，而且已经制定出的法律、法规大都停留在文字层面，可操作性不强。绝大多数地方政府对校企合作重视不够，法律、法规的制定比较滞后，更没有对违反合作的行为制定切实可行的处罚性规定。法律的约束与激励作用效果不大，对校企合作的影响不够。

（2）宏观调控能力不足

在校企合作中，各级政府职能部门的宏观调控能力有待增强。政府尚未建立专门的校企合作协调机构，负责设计、监督、考核和推行校企合作。各级政府在制定技能型人才发展规划等方面也没有发挥应有的作用，导致人才培养上的"瞎子摸象"。因此，职业教育的发展需要政府建立、健全校企合作的长效机制。

（3）投入资源配置不合理

高等职业教育既是教育事业，也是社会事业，对促进社会经济发展影响深远。近年来，国家不断加大对高职教育的经费投入。《中国职业教育发展报告2012》指出："2010年全国高职院校国家财政性教育经费投入占GDP的比重为0.12%，比2009年回升了0.007个百分点；较2007年回升了0.036个百分点"，"2007—2009，全国高职院校预算内教育经费总收入累计1325.42亿元，年平均教育经费收入331.36亿元，年平均增长率为26.8%。"

但是，在教育的财政投入上，高等职业院校和普通高等学校没有受到政府的同等重视。据《中国职业教育发展报告2012》："2010年高职院校经费占全国教育经费的比例仅为5.38%。而普通高等学校经费占全国教育经费的比例仅为28.11%，高职院校经费占全国教育经费的比例仅为普通高等学校经费占全国教育经费的比例的1/5，投入严重不足。"可见，高等职业院校获得的财政收入严重不足，不能满足学校的需求，政府对普通高校与高职院校的区别待遇有失公平。

另外，我国的高等职业教育跟发达国家相比起步较晚，教育基础薄弱，而由于高等职业教育本身的特殊性，在实践练习、技能培训等都需要投入大量的资金。统揽一些发达国家高等教育的先进事例，高等职业院校不仅需要从政府的投入获得资金，而且更需要通过自身的办学、培训等增加资金，因此，各高职院校急需政府给予相应的保障。

第四节 "双师型"师资队伍培养途径和模式

一、"双师型"师资队伍培养途径

（一）自主学习发展途径

高职院校"双师型"教师培养既要有良好的外部条件，更应重视教师内因的激发，突出教师的内在价值和需要，发挥教师个体在"双师型"化过程中的主观能动性，调动教师自我发展、追求卓越的积极性。尤其应提倡教师自身的反思性学习与研究，因为反思有助于教师把自己的经验升华为理论，有助于教师获得专业自主权。没有反思的经验是狭隘的经验，至多是肤浅的知识，教师只有善于从经验反思中吸取教益，才能不断改进。师资培训只能教授教师的本体性知识（学科知识）和条件性知识（教育学、心理学、学科教学论等），而"双师型"教师的实践性技能需要教师在专业实践与理论学习中生成与发展。"双师型"教师应结合教学工作和专业实践，学习新理论和新技术，不断完善自己的知识结构，提高专业技能水平，促进专业技术的不断完善。

教师自主学习的优点在于能克服以往双师队伍建设培养成本高、周期长的弊端，容易贯彻"缺什么，补什么"的原则，体现工学结合的特点，做到培训与教学以及科研紧密结合，避免理论与实践的脱节。专业教师经过长期的自我学习和训练，掌握系统的专业理论和技能，其成果可直接转化成教师的教育教学能力，尤其能促进实际技能与理论教学双重能力的共同提升。

在自主学习模式中，不同的教师有不同的需求。学院应尽量满足这些要求，对需要提高学历的实践课教师，除给予一定的资助外，还应在保证教学的前提下，尽可能给予其时间上的照顾。对需要提升实践能力的理论课教师，要鼓励他们参与实训教学条件的建设、改造和更新，参与到实习教学的整体过程。通过实践活动，提升技术转化、推广和应用的综合能力。无论是理论课还是实践课教师，都要组织他们开展有关项目的科技研发活动，承担产品设计、工艺革新和技术咨询等工作，提高他们的专业理论水平，培养他们的专业情感，形成技术应用能力、科研能力、工程实践能力与创新能力，促进"双师型"素质的形成。此外，还要支持教师参加相关行业的资格证书培训和考试，对取得各类职业资格证书、执业资格证书和职称资格证书的教师在培训考试费用上给予报销。

（二）生产实践训练途径

当前高等职业院校教师普遍缺乏企业实际工作环境的熏陶，缺少企业的实际工作经验，缺少对企业最新技术和工艺的了解。通过生产实践训练，能弥补教师在这些方面的不足。因为生产实践训练加强了教师与企业技能人才的联系，促使教师深入生产第一线以更好地掌握专业技能。因此，生产实践训练是培养"双师型"教师很重要的途径。

生产实践训练不仅能提升教师的实践能力，而且能确保教师教育教学水平与日俱增。高等职业教育是高等教育的重要组成部分，理应为区域经济建设、科技发展和社会进步做出自己的贡献。高等职业教育教师是高等职业院校科技服务的主力军，必须具有在经济建设中服务学会服务并不断提高水平的能力。另一方面，科学技术迅猛发展、日新月异，新技术、新工艺、新材料不断涌现，生产设备和产品不断更新，新技术从发明到应用的时间也越来越短。无论是参加过专业培训的教师，还是从生产一线引进的教师，若长时间囿于校园，限于课堂教学，势必会知识陈旧，实践能力退化，难以适应高等职业教育培养目标和发展的需要。这就要求高等职业教育教师特别是专业课教师要经常地参加科研、生产和社会实践，接触实际，继续学习，积累新的经验，不断提升自己解决实际问题的能力。

高等职业教育培养的是应用型、实用型人才，因此，指导学生进行实际专业操作和解决实际专业问题，是高等职业教育教师最主要的教学内容。学习操作与学习理论不同，学习操作首先表现为动作模仿，而学生模仿的好坏主要取决于指导教师的操作动作示范准确与否。另外，当学生在实际操作中遇到困难时，需要指导教师为其提供参考建议，以便学生自行摸索和创造新的解决方案。教师要想高质量地完成这项工作，必须具备能非常熟练地进行实际操作和指导学生解决问题的能力。

要提升"双师型"教师的职业能力，要求专任教师定期到企业挂职或顶岗锻炼，例如一个职业院校可以联系多家固定企业，每5年安排不少于半年的时间到生产和管理第一线参加实践，学习新知识和新技术；另一方面要求指导企业的技术革新，产学研结合，了解相关企业在市场中的实际情况，为企业提供综合分析报告。

高职院校经常主动与企业建立联系，确保教师能够经常到企业工作和学习，及时熟悉和掌握企业生产和工艺过程的特点，以及正在发生的变化，不断学习和更新知识。教师通过在企业工作，了解企业生产过程中存在的问题与困难，帮助企业解决这些问题，可以提升教师研究、分析和解决问题的能力，积累丰富的实践经验，提高教学水平。同时，有条件的高等职业院校应敞开大门，利用自身在设备、场地和人员上的优势，建立以生产为主导的校内生产性实习基地，广泛吸收生产、服务、管理一线熟谙专业技能且适合教师岗位的专门人才。这不仅可以充分利用教育资源，缓解人员压力，还可以把生产、服务、管理一线的成功经验引入课堂和实训环节，从而带动高等职业院校教师队伍的发展和建设。

（三）社会服务拓展途径

大学的功能是教学、科研和社会服务，高职院校作为高等教育机构，可以直接为社会经济发展服务、为产业部门培养各类劳动力为办学宗旨，与普通高等教育相比，其服务社会的功能更为突出。提倡和强化高职院校教师积极投身于社会服务，对提高高职院校教学质量有着积极而又重要的意义，这也是提高教师专业技能的重要途径。

新的历史条件下，高职院校的教师不再是传统的"知识传递者"，也不再是知识权威的代表。他们不仅要有知识和学问，为所有学生提供高质量的教学，更重要的是要有将知识转化为实践技能的经验和能力。高职院校的教师必须保持自主探索精神，具备丰富的专业实践技能，能够迅速且有效地对社会和市场变化做出反应，并有能力转化科研成果，承担企业和社会的课题研究及服务项目。显然，这样的角色转变单靠政策引导、机制转变来实现是远远不够的。应该把树立教师"自我更新"的专业发展意识作为改革发展的关键，这是一种主观的、更为持久的动力，也是教师专业水平发展的标志。高职院校"双师"教师专业技能的成长是内外多种因素相互作用的结果，教师的主动发展是核心和关键，主动提升社会服务能力，应成为教师专业技能发展的"一种日常生活样式"。高职院校教师要有"自我更新"的专业发展意识和自我反思的实践意识，适应不断变化的社会的能力，丰富的职业生涯，自觉保持同行业企业的合作关系，使社会服务成为其职业技能发展的支点之一。

二、"双师型"师资队伍培养模式

（一）校本培养模式

目前高职院校多数专业理论课教师是普通高校毕业的本科生、研究生，他们专业理论基础扎实，具备当职业学校教师的基本条件，但缺乏行业实践经验，这就需要积极支持他们充分利用校内实验、实习、实训设施，进行专业实验、生产操作等基本技能训练，支持他们参加相应的职业资格证书考核，为提高专业技能奠定坚实基础。因此，高职院校在培养"双师型"教师专业技能方面，要在建立校企合作长效机制的同时，积极拓宽教师专业技能校本培养模式和渠道。

从历史上考察，校本培训作为一种实践活动并非新鲜事物，它可以追溯到由来已久的教师培养的艺术模式。校本培训（School—based in service training），按欧洲教师教育协会1989年的界定，指的是源于学校课程和整体规划的需要，由学校发起组织，旨在满足个体教师工作需要的校内培训活动。它既可以在整个学校层面上进行，也可以在部分部门或某一科目进行，同时还可以是两三所学校间相互合作地进行。如19世纪德国教区学校的教师训练、英国的教生制。1944年《麦克奈尔报告》建议中小学教师在指导和管理师范生方面应负起责任。1972年《詹姆斯报告》指出，在职培训应始于学校，每一学校都应将其教师的继续培训视为其任务的一个必要部分，学校的每一个成员都要对此负起责任。在 20 世纪 70 年代中期，英、美等国家认识到教师的专业能力主要是在教学实践岗位中逐步形成并发展的，教师任职的学校是其专业成长的主要环境。于是，逐渐形成了以学校为中心的教师在职培训模式。20 世纪 80 年代一些学者进一步对此进行了理论上的探索，如哈格里夫斯（hargreave）根据医学培训中的实习医院建议建立教学学校（teaching school），瓦诺克（Baroness warnok）提出了教师指导者的角色概念。1986 年，牛津实习期的计划——"良师计划"首创了教师训练的伙伴关系。从那时起，校本教师教育开始大规模兴起。

校本教师教育在西方国家产生的主要原因有以下几点：

第一，20 世纪六七十年代西方国家政治上的民主化运动使学校和教师获得了更多的教学自主权，教师和学校对教育改革有更多的发言权。

第二，传统继续教育中理论与现实的严重脱节使教育的理论研究者和实践者都渴望在教育理论的研究与实践之间寻找一种融合，使理论的研究能获得丰富的实践经验的支撑。

第三，教师教学实践的复杂性使传统的、脱离教学实践的教师难以通过继续教育有效地改进教师教学质量和提高教师的实践技能。

第四，传统的通过高等院校开展教师培训所引发的诸多问题，如工学矛盾突出、经费开支过大、受训面积有限等等，也促使培训的研究者不断探索新的培训模式和途径。因此，教师继续教育从校外转向"校本"也就成为必然。

我国教育界一般认为校本培训是在开展继续教育工作中，以教师任职学校为主阵地，以教师互教互学为基本形式，在岗业余自学的一种进修模式。在教师专业化发展的进程中，教师在教育实践中的主体地位和主体作用越来越受到重视，"终结式"师范教育走向终结，"发展性"教师教育正在发展，教师的在职培训和继续教育成为"发展性"教师教育不可或缺的部分。校本培训的理念替代传统的教师培训已成为国际趋势。发达国家普遍认为学校既是学生学习场所，又是教师发展场所。教师专业化发展的国际趋势和教师校本培训潮流对高职院校教师培训提出了严峻的挑战，也为高职院校"双师型"教师的校本培训提供了广阔的背景。

我国的国情决定了各职业院校本身是"双师型"教师培养的主战场，现实也表明了我国职教师资的培养方式以职业院校培养为主。聘任"双师型"教师是职业学校的权利，培养"双师型"教师是学校的义务。高职院校在"双师型"教师培养建设中发挥了"校本"培养的主导作用：教师在各高职院校营造的"双师型"培养氛围下，自觉提高自身双师素质。

学校制定政策、学校提供培训、学校联络实践企业是校本"双师型"教师专业技能培养模式的重要特征。这种模式的主要优势在于：培训内容和形式根据本校教师的特点来编制设定,培训目标明确具体,培训工作与日常工作密切结合,培训地点在本校,培训时间与工作不冲突,培训成果及时体现在教师的工作之中,还便于充分发挥教师个人与集体等多方面的作用,使院校成为开放的"学习型组织"。

首先,高职院校可以立足于自身专业发展的现状与实际,制定"双师型"教师培养的具体政策、制度、资金帮扶等。

与西方发达国家相比,我国的高等职业教育起步较晚,到近几年才被各方重视,并有蓬勃发展之势。高等职业教育不是一种教育层次,而是一种教育类型,它不同于普通专科教育,也不是本科教育的压缩或中专教育的延伸,它的发展应该具有自己的特色。在这种情况下,高职院校要想立于不败之地,必须办出自己的特色,找准自己的位置,这样才能拥有自己的发展空间。可以说,特色是高职院校生源的保证,是高职院校生存的依傍与发展的希望,没有特色,高职院校的发展无从谈起。由于校本培训立足于学校的现状与实际,旨在对学校优势专业的宣传与劣势专业的弥补,以打造学校自己的办学特色,因此校本培训目标的制定和内容的安排完全是以学校长远发展的需求为取舍的依据。由此可以看出,校本培训正是形成学校特色、提升学校持续发展能力的最佳途径。高职学校可以依据自身专业发展的需要,科学规划"双师型"培养考核制度制订、培训资金安排以及"双师型"政策导向。

其次,学校安排教师进修的相关计划。学校对于有"双师型"意愿的教师,每年按照职教师资培训的各种方式和方法,实施教师轮训,周期为 3 ~ 5 年。进修的类型根据受众的不同,分为国家级培训(专业骨干教师理论培训、特聘或兼职教师理论培训等等)、省级培训、市级培训、培训基地(校本)培训等。

再次,学校为教师联系实践进修的企业和场地。学校根据各专业的性质以及教师群体的特点,为教师联系实践教学的场地以及实践培训的企业。如浙江经济职业技术学院,每年由学校出面联系 5 ~ 8 个企业,为教师提供 1 ~ 2 个月的实践培训机会。

最后,教师积极参与指的是通过绩效考核和制度约束,引导教师积极参与到"双师型"能力培训中来。

(二)校企合作培养模式

我国职业教育起步较晚,各地区之间职业教育发展不均衡,各职业院校办学水平、办学条件参差不齐。面对职业教育事业的快速发展,面对高职"双师型"教师的旺盛需求,仅仅依靠职业技术学院自身以及综合性大学的职教师资培训,其教师培养明显力不从心,培养规模无法满足目前高职院校对"双师型"教师的大量需求,进而会出现教师专业实践技能指导能力不强的问题。职教师资培养的方式多种多样,其中开展校企合作,发展校企合作"双师型"培养模式是最直接有效的途径。

职教教师只有到社会生产第一线了解情况,积累实训教学技能,改善专业知识和专业技能结构，才能不断地补充和完善自己。学校与企业的结合可以拉近教育与社会、理论与实践的距离，不仅对校内教师的实践能力起到指导和帮助作用，也可以提高企业职工的素质，丰富企业文化，产生 1+1>2 的效果。

目前运用这一模式的学校较多，范围也较广，概括而言，是"教学在学校、实践在企业、教师在流动"的模式。

具体来说，即在师资培养机制上，"双师型"教师的理论教学或者其自身的理论培训主要在学校进行，或者依托学校联系的培训基地开展；这类教师的实践教学或者其自身的实践培训直接在企业或者工厂车间进行，教师直接参与到企业生产工作一线中去。同时，对教师岗位制度也实行了一定程度的流通，学校根据专业性质，面向行业企业和生产一线，聘请专业技术人员或者能工巧匠到高等职业院校担任兼职教师，为学生授课，引导本校教师听课学习，提高教师的"双师型"素养。企业除提供实习基地、设备、原料外，还应派人员指导学校的专业教学，共同制订"双师型"教师培养方案，共同开发相关课程，共同组织科技生产攻关，共同组织生产性实习。解决高职院校"双师型"教师培养中设备条件有限、指导技术力量有限的矛盾。

高职院校教师到合作企业从事生产实践、技术开发、产品设计等工作，能够熟悉企业的生产环节和操作工艺，了解最新的技术信息，并且有机会向经验丰富的相关技术人员请教，开阔理论视野，提升实践能力，促成教师由单一教学型向"双师型"人才转变。利用大中型企业先进设备和真实生产管理环境对高职教师进行有偿培训是一种可以选择的校企合作形式。

高职院校还可以利用自身科研技术优势选派教师主持或参与企业生产、建设、管理、服务中的应用技术研究、先进技术推广或科技攻关、技术改造以及新产品、新工艺的研发等。根据国家发展职业教育的政策要求，专业教师每两年必须有两个月到企业或生产服务一线实践。只有这种在真实岗位条件下提升教师专业实践能力的培养模式，才能培养出真正意义上的"双师型"教师。

过去，我国的职教师资培养模式具有主体学校化的倾向，忽视了职教教师的特征，使得教师的教学质量达不到现实的要求。我国职教教师教育的培养目标，即"双师型"教师，必须具有对生产现场各种状况进行应对的能力，这些能力只有通过学校（包括开展职业教师教育的所有高等教育机构和职业院校）与企业"双主体"的合作，进行实地锻炼与培养，才能达到"双师型"教师的素质。根据我国职业教育发展的现状和特点，本文认为，应建立以学校与企业为主体，其他机构共同参与的多元共生的"校企合作"的职教师资培养方式。

（三）政府主导培养模式

为了提高"双师型"素质，很多院校采取了如订单式培养、教师顶岗、教师带领毕业生驻厂实习等措施，但效果并不明显。实际上，"双师型"型教师的培养并非仅仅局限在学校和企业两者之间，还牵涉主管机关和行业组织等。因此，理清培养"双师型"素质的思路，积极发挥政府职能部门、行业组织的重要作用，发展政府主导下的高职院校"双师型"教师专业技能培养模式显得尤为重要。例如由教育部和各地教育行政主管部门牵头，联合高职院校和大型企业，共同建立国家级高职师资培训基地，有针对性地开展高职院校师资队伍"双师型"专业技能培养。在建立"双师型"素质培养基地的过程中，政府职能部门发挥着指挥和控制的作用，就像"人"的大脑，监管、指挥、协调、引导着这个基地建设的重要程序。由此，建立政府主导的双师型培训基地的第一步是政府主管部门牵线搭桥，制定相关政策和制度。高职院校"双师型"教师的培养必须要有制度支撑，制度应该由政府主管部门、行业相关组织、企业和院校共同协商制定。一个良好的制度能够规范各方的权利和义务，协调各方的利益关系，如明确的定义、各方的职责、反馈机制、财政制度、设备投入和使用制度、企业导师制度以及教师在企业进修的考核标准等。只有多方参与制定的制度，才能保障制度的有效实施。

教育部高等教育司为了加快高职院校"双师型"教师队伍建设，主导建立了天津、上海等多个全国高职师资基地，旨在提高教师的高等职业教育理论水平，专业基础理论、实践能力与专业技能、现代教育技术应用水平，为中、高等职业教育师资的培训提供一个相对稳定的支撑体系。目前，我国政府主导建设的职业教育师资培养培训基地已经发展到五十多所高等职业院校和几十家企业实训基地。这些基地拥有相关的实训环境和条件，教师可以得到职业技能的专门培训，这也是"双师型"教师专业技能培养的又一个重要途径。

由于政府主导下的培训基地能结合高职教育的特色，有针对性地设置培训项目，成为高职院校教师培训的有效途径，双师素质培训效果极其显著，已经得到高职院校的高度肯定。

（四）中外合作模式

近年来，与行业联系密切的高等职业院校与国外联合办学和教师到国外参加职业培训的机会越来越多，部分发达地区的高等职业院校已率先进行此类工作。中外合作的"双师型"培养模式主要是通过建立中外合作办学的中心或基地，将合作项目的教师送到国外职业教育机构或者国际先进企业进行培训，培训的内容包括语言能力、国外专业实践技能、国外专业理论研究等等。这一模式的培训内容相较更为丰富，加入了语言和国外知识的部分，对于"双师型"教师的培养也更为全面，但是要求也往往更高。

另一方面国外教育机构也在我国开办学校和职业培训机构，教师不出国也可以接受世界先进技术培训，获得相应职业资格证书，对于培养具有国际意识和国际竞争力的人才十分有用。随着科学技术国际交流的不断加深，师资培养的国际合作也在逐步扩大，国际化有利于教师拓宽视野，掌握先进的科学技术和教学理念，扩大培训教师的国际视野，提升专业教师国际化教育理念与教育教学能力，获得跨文化的国际交流合作经验与能力。通过国际合作与联合培养，学习国际先进的教育教学理念，提高教学质量与水平，特别是充分利用国外先进的实习设备与条件，提高高等职业院校教师队伍的业务水平与教学能力，培养出一批了解最先进的专业知识和技能，能够适应经济全球化需要的教师队伍。

随着经济全球化和信息化时代的到来，国际化高等教育发展迅速，形式日益多样，中外合作办学已日益成为我国高等教育的重要组成部分。在高等教育大众化和国际化的背景下如何确立新的人才观和质量观，如何整合、利用国内外优质教育资源来为我国的高等教育现代化服务，如何构建适应时代发展需要的"双师型"教师人才培养模式，是当前我国职业院校需要重点考虑的问题。国外的职业教育虽然没有"双师型"教师这样的名词，但名称不同、内涵一致的词汇是存在的，其共同特点就在于对教师的专业实践经历、专业实践能力及相关执教能力都有严格的要求。各国在发展职业教育的进程中普遍重视教师的基本素质和实践能力。国内高职院校可以利用合作办学这一得天独厚的机会，参考国外的"双师型"鉴定制度，借鉴"双师"激励和培训机制，实地考察国外院校的合作创业和教学实习基地，在学习中探讨"双师型"教师专业技能的培养方式，建立一支适合我国国情的高水准的、符合高等职业教育要求的"双师结构"型的教师队伍。

第七章 高等职业教育实践教学改革

第一节 高等职业教育实践教学改革的必要性

一、从职业教育的特征看改革的必要性

教育部教高 2 号文指出："高职高专教育人才培养模式的基本特征是：以培养高等技术应用型人才为根本任务，以适应社会发展需求为目标，以培养技术应用能力为主线设计学生的知识能力素质结构和培养方案。毕业生应具备基础理论适度、技术应用能力强、知识面较宽、素质高等特点。"高等职业技术教育培养的是应用型高级技术人才，高级强调的是理论基础宽厚，应用型强调的是技能熟练程度。培养的学生应在具有必备的基础理论知识和专业知识的基础上，重点掌握从事本专业领域实际工作所需基本能力和基本技能。这就要求在教学过程中要重视理论性，加强实践性，突出实践性教学环节，贯彻"必须够用"的原则和"以综合素质为基础，以应用为主线，以能力为中心"的教学指导思想。以满足社会需求为导向规划高职教学体系，由高职教育的出发点所决定，同时为学生进行职业发展规划而提供合适的教学活动以及培训，使学生能适应社会需求的长远计划。

二、从教学体系的稳定性看改革的必要性

学校的教学体系会受到学校办学思想、办学条件、社会价值观等多种因素的影响，需要保持一定的稳定性。同时人才培养计划的制定由于需要经过多重环节的研究、编写、评审，使得制定好的人才培养方案和教学计划在一段时间（至少三年）内不能发生变化；并在实施的过程中，不断观察人才培养方案及教学计划的实施情况。

因此，教学体系的稳定性相对于社会需求的多变性呈现出较严重的滞后，从而出现知识体系与实际使用的脱节。只有构建以满足社会需求为导向的高职教学体系才能实现学生培养规格与社会用人需求的"无缝链接"。

三、从高职学生就业现状看改革的必要性

高职教育是为了让社会需求得到满足，为了毕业学生能更好、更快地融入社会工作中去。高职学生的就业问题成为检验高职教育的重要指标。然而，由于教学体系与社会需求之间的矛盾，使得学生就业困难重重：专业设置的僵化，满足不了社会需求的变动；毕业生的职业道德、职业技能未能满足岗位需求；毕业生自身的求职观念、价值取向等偏差更加剧了就业形势的变化。因此，以满足社会需求为导向的高职实践教学体系改革势在必行。

四、从国外高职教育发展趋势看改革的必要性

国外高职教育对经济建设和社会发展有一定的推动作用，高职教育自身发展与其所在的国家经济建设和社会发展相同步，甚至会有所超前。而我国高职院校的发展由于以上种种原因，发展状态未能达到相应的水平，明显滞后，所以更应构建以满足社会需求为导向的高职实践教学体系改革。

第二节　高等职业教育实践教学改革存在的问题及对策

高等职业教育人才培养的特殊性在于其直接面向工作岗位，因此实践教学是高等职业教育的重要组成部分。目前高等职业教育的实践教学中仍然存在一些不足，对此类问题产生的原因与人才培养方案的不符、实践教学管理不足、"双师型"教师数量不足及实践硬件设施落后四个方面进行分析。在分析的过程中以实际工作为例探讨了这些不足对实践教学质量的影响。针对此不足，对实践教学提出了改进措施，主要从建立完善的实践教学体系、改善高等职业教育办学与评价模式两个方面具体展开论述。

一、实践教学中存在的普遍问题

对于高职院校来说，国家扩招政策以及对职业教育的重视都使招生数量较之前提升。在学生数量较多且高职实践教育体系不完善的现状下，实践教学一般都存在些许问题。实践教学可以分为实验、实习和实训三大类。实验是对课程理论与知识点的理解的辅助手段，这是基于专业知识的实践方式。实习指的是对专业技能的实践，对于岗位有更深入的认识，这是基于职业岗位能力的实践方式，比如在高等职业学校的顶岗实习就属于此种方式。实训是指对专业应用和职业岗位的实践，以机械制造与自动化专业为例，包含普通车铣床实训、数控实训、特种加工实训及加工中心的实训。实

践教学在实际执行时普遍存在如下问题：

1. 实践教学设计不符合人才培养方案

一些高等职业学校在发展之初，无论是办学指导思想还是人才培养模式都参照普通高校。尤其在制定人才培养方案过程中，通常选择到普通本科高校进行专业调研，而到企业单位调研的相对很少，对实践教学设计的制定没有以就业为导向，制订的实践教学计划不能完全契合企业对人才的需求。

与此同时，学校对实践教学的重视程度不够，没有做到真正依照人才培养方案制订实践教学计划，有一些实践计划只是作为理论教学的辅助，没有真正把学生的实践能力作为人才培养的重要组成部分。部分实践教学计划设置过于草率，并未以学生为主体进行深入的分析。

以顶岗实习为例，这是在校内老师的指导下使学生在企业完成至少半年的实践教学任务，其目的是学生毕业后可以立即独立工作，省去一定周期的实习过程。实际上目前的部分顶岗实习单位与专业知识相关度低，校内老师指导不足，使学生不能完成实践教学目标。

2. 教学管理不足

除了上述实践计划的制定之外，实践教学的管理与质量评价滞后也是导致实践教学存在问题的重要原因。实践教学的管理包含对各种形式的实践教学的过程及结果管理。目前主要存在的问题主要有以下方面：

（1）实践教学评价体系不完善。目前实践教学的评价以教师打分评价为主，具体的过程资料欠缺，评价体系中基本没有学校评价监督单位或是企业参与评价。

（2）教学管理运行机制不完善，质量监控不到位。教学管理有一定的机制保障，但在实际监管的过程中存在监管不到位，有些实践课程流于形式，实际过程效果不理想。

（3）评价质量标准不明确，不健全。有的实训有完备的管理制度，但是管理的质量评价标准不明确，没有具体的量化标准，激励与奖惩制度不明确，这也是导致实践教学存在问题的原因。

3. "双师型"实践教学指导教师数量不足

根据高等职业教育人才培养的特点，"双师型"要求高职教师不仅具有高等专业理论水平，在科研与理论教学方面具有较高水平，而且还要求有熟练的专业操作技能，能够解决企业遇到的实际问题。国家要求双师素质教师至少占专业课教师总数50%以上，而实际中大部分的教师都是应届毕业生，理论水平虽然较高，但总体缺乏企业经验，对于实践教学仍然存在一定问题。国家教育导向文件中表明几年后高等职业学校将不再招聘应届毕业生作为教师，以政策为引导说明实践能力对于教师的重要性。此政策的推行将会使目前"双师"教师素质不足的情况有所缓解。

4.实践硬件设施

许多高职院校的实践教学设施老旧、数量较少，与企业技能需求不匹配，不能满足人才培养目标中对于实训设备的要求。随着工匠精神的宣传与推广、智能制造高端技术业的发展，国家对职业教育尤其是实践教学十分重视，中央和地方政府都加强了对高职学校实践教学设施及实训基地建设的资金投入力度。但是随之而来的是大量扩招，高校毕业生、退役军人、农民工、城镇各类就业困难人员等都会纳入高职的招生范畴。高职院校实践教学设施建设仍然跟不上学校规模的发展速度。学生的平均实践教学设备和实训室的建筑面积无法达到理想的实践教学效果。近年来许多国家级和省级的各项技能大赛受到了学校的重视，各项技能大赛的成绩也是学校教学水平的体现。以此为契机对高职院校的实训基地的建设及新设备的购入有了更加迫切的需求。

二、高等职业学校实践教学改革措施

（一）建立完善的实践教学评价体系

高职院校在重视高职实践教学质量，改善实践教学成效的同时，缺乏一套较为系统科学的实践教学质量评价指标体系。建立完善的实践教学质量评价体系具有重要意义。

1.实践教学基本条件评价

实践教学的基本条件包含基本软硬件设施、师资水平、教学计划等。基本软硬件数量、质量及教室、实训场所需要按照国家相关要求配备，实践教学场所的自然条件需要能够进行实践教学活动。如果存在实训设备等资源紧张的问题，需要在制订长远计划的基础上及时解决，保证学生良好的教学条件。师资水平包含实践教学时应配备的教师人数、教师职称等级等。实际教学中必须按照实训的要求进行教师人员配备，并在实践教学过程中提供详细认真的指导。教学计划（包含总体人才培养计划）包含完整的教学任务分配及教学评价方式。教学基本条件的最终评价需要在课前完成，需要各级监督单位的详细评价和改进建议。

2.基于实践教学五位一体的实时教学评价

目前教学评价的主体尚不全面，需要将教师、学生、专家督导、教研室、企业相关人员五类人员都列为实践教学评价的主体，尤其是对企业人员对于实践教学的评价加入评价体系并将其评价作为实践教学效果评价的重要组成部分。实践教学评价需要按照过程评价和结果评价两个方面进行，目前学校的评价多注重结果评价而忽略过程评价，实际上实践教学过程评价比结果评价更加重要。实践教学过程评价需要制定详细评价时间、评价方式、评价结果记录等方案，让学生得到实时评价反馈，更好地达到实践目标。

3. 基于长期的实践教学跟踪反馈评价

除了学习过程中的评价，实践教学评价还需要建立长期评价机制，在学生完成学习后的一定年限跟踪调查，得到长期实践教学评价数据，为以后的教学计划积累经验。此评价的难度在于对毕业学生的追踪调查，因此需要在学校建立专用的实践教学评价系统，并制作详细的实践教学跟踪反馈评价表，让学生有渠道完成学习效果长期评价。

（二）改变高等职业教育办学与评价模式

1. 深化校企合作、产教融合，推广学徒制

高职院校必须以市场需求和就业为导向。如何才能直接上岗、高质量就业是高职实践教学课程设置的重要任务。最直接的渠道是深化校企合作，让学生与企业直接对接，将校企合作真正落到实处。校企合作机制的建立健全需要充分考虑学校、企业和学生三方面的综合利益，形成产学结合的合作模式。

学徒制是高职院校技术技能学习的重要方式。在工匠精神被广泛传播的时代，高技术技能肯钻研的技术人才是十分紧缺且重要的。因此学校需要有高素质的教师队伍为学生之师，增强学生与师父之间的技术及情感联系，让学生的理论知识转换为熟悉的技术、高尚的品德。

2. 完善职业教育评价模式

目前的高等职业学校仍然以毕业证书作为学生的评价方式。在国务院 2019 年发布的《国家职业教育改革实施方案》中明确，深化复合型技术技能人才培养培训模式改革，借鉴国际职业教育培训普遍做法，普遍实行 1+X（专业能力证书）证书制度。将学生的专业能力证书作为学生能力的评价，为学生的实践能力提供有效证明，这将激发学校和学生对实践教学的重视，大大提高实践教学水平。

三、加强实践教学改革与创新的建议

上述问题影响和制约了教学质量的提高，要使学生在校期间完成从学校到社会、从理论到实践、从模拟岗位到实际工作岗位的零距离对接，必须进一步转变观念，加强实践教学的软硬件建设，建立完善的实践性教学体系和运行机制。

1. 加大实训条件建设力度

实训条件的建设是实践教学的基本保障，既要重视校内实训条件建设，又要重视校外实训基地建设。（1）加强校内实训条件建设。按照"源于现场，虚实结合，学练一体，校企共建"的原则，进行校内实训条件建设，突出职业技能的培养。校内专业实训室建设，要注重实用性、综合性和先进性。通过学校投入和校企共建等方式，不断改善校内实训条件。充分利用网络技术建立虚拟实训室、虚拟工厂，使学生通过虚拟平台真实地了解掌握各种技术，保证实训的开放性、针对性，使学生训练不再受时间、

地点的规范。对已掌握的技能，学生不必再浪费时间，可以按照自己的需要自行选题，同时也可以和专业技术人员及其他院校的学生进行合作、交流、讨论，实现新技术的资源共享。（2）按照互利互惠的原则，加大校外实训基地建设力度。校外实训基地建设是高职实践教学改革的主要内容，依托行业企业，校企合作、产学结合是高质量培养高职人才的有效途径。本着优势互补、校企"双赢"的原则，采取"请进来、走出去"等方式，选择装备水平高、技术岗位多、新技术应用广泛、管理规范的周边大学、中型先进企业，建立长期稳定的校外实训基地，签订校企合作协议，明确双方的责、权、利。为真正发挥校外实训基地的功能，学校应主动为企业提供技术服务，解决技术难题，并聘请企业技术人员进行现场教学，企业为学校提供实训场所与便利条件（工作条件、生活条件），并与学校共同承担实训教学任务。校企紧密合作对高技能人才综合应用能力的培养提供了有效的保证。

2. 加强师资队伍建设

注重双师素质教师的培养，校企合作，专兼结合，建设一支具有现代教育理念和创新精神、教学能力强、熟悉生产领域、掌握过硬技术、乐于教书育人的双师结构的教学团队。一是学校要求教师参加社会实践活动。可以让教师到企业里为员工进行专业培训或到企业实践锻炼，使他们更加了解社会需求以及如何培养学生的实际操作能力。二是强化教师的职业技能水平。要求教师参加岗位技能培训，使其在技能上至少获得高级以上职业资格证书，通过强化专业技能考核来提高专任教师的实践能力，提高双师素质。三是聘请企业单位的专家、技术能手、能工巧匠等有经验的人员作为兼职实习、实训指导教师，组建一支专兼结合的实践教学师资队伍。四是改变传统的教师工作考核评价体系，建立有利于师资结构调整的分配制度和激励机制。

3. 改革实践教学内容

教学内容的改革是实践教学改革与创新的关键。高职实践教学内容必须符合职业岗位（群）的技能需求，参照职业标准，引入企业新技术、新工艺，校企合作共同开发专业课程和教学资源，确保教学内容的针对性、实用性。（1）完善与规范课程标准。课程标准是实施教学的依据，课程标准应突出教学做合一的职业教育特点，明确课程教学知识目标、能力目标和素质目标，设计教学内容，体现理论知识与实践操作的交融并进，提出课程教学实施的组织形式、工作对象、工具、工作要求及评价标准等。（2）教学内容面向生产实际。教学内容的选取与确定，应结合职业岗位的技能要求和企业生产实际，按照实际工作流程，以项目、案例、任务的形式进行设计，体现出完整的生产过程。学生完成一个项目的学习，就可以掌握一个完整工作过程中的操作技能，同时感受职业岗位的工作氛围和职业要求，以实现专业教学与企业岗位的有效对接。既要满足近期就业"必须够用"，还应考虑到学生在职业生涯发展中的"迁移可用"，同时还要不断引入现场所采用的新技术、新工艺、新设备的相关内容，使职业教育的知识和技能跟上专业的发展。（3）加大"双证书"制度的落实力度。在专业课程体系建设中，一方面课程内容的设计要参照职业标准，并且单独设置有针对性的职业资格考证培训，引导学生在毕业前取得与本专业相关的职业资格或技术等级证书，提高就业竞争力；另一方面还应设置综合性较强的实践课程，培养学生处理复杂故障和解决突发问题的能力，突出综合职业技能的训练。

4.改革实践教学方式、方法

教学方法的改革与创新要突出对学生职业技能和职业素养的培养，坚持工学结合、学做一体的原则，根据教学内容的不同采取引导文、角色扮演、头脑风暴、四阶段、现场教学等不同形式的基于行动导向的教学方法和手段实施教学，重点培养和提高学生日后工作所需的基本专业技能和综合职业素质。

在教学场所的选择上，应尽可能利用"校中厂"或"厂中校"。紧贴合作企业，找准合适的切入点，实现双赢。可打破传统的学期、学年、假期的观念，树立以社会需求为中心的理念，围绕企业生产需求制定教学安排，确定相应的教学内容和教学方式，以解决教学过程中工与学的矛盾。例如，武汉铁路职业技术学院铁道交通运营管理专业采用"多学期、分段式"的教学组织模式，即三年教学历程共分为8个学期，其中将第4学期设在寒假春运期间，在车站顶岗作业的过程中完成"铁路旅客运输服务"课程的教学；第6学期设在暑假暑运期间，在车站完成"铁路客运应急事件处理"课程的教学。学生在现场教师的指导下直接顶岗独立工作，包括售票引导、售票、进站组织、检票、安检、站场广播、候车室服务、站台引导、出站服务、长途列车乘务等岗位工作，实现了教学与生产一体、教师与师父一体、学生与员工一体的教学组织，既完成了课程教学，又为企业解决了实际问题。

5.转变实践教学形式

（1）模拟型向实用型转变。改变传统的模拟型实训项目，把实训内容与生产实际紧密结合，从现实应用中提取素材，直接与职业岗位实际工作接轨。（2）指定型向自主型转变。过去的实训多由指导教师提出课题，学生根据要求按部就班地完成，其创造力和自主精神受到很大制约。应基于岗位工作过程，由教师提出实训任务，按照咨询、决策、计划、实施、检查、评价的"六步法"实施教学，提高学生的自主创新能力。（3）验证型向创造型转变。验证型实践的目的在于求证"已知"，创造型实践的目的在于探求"未知"，高职教育的实践教学应从培养创新人才的目标出发，强调创造型的实践教学。（4）单一型向综合型转变。实践教学应注重学生综合能力的培养，注重专业知识的交叉和融合，以扩大学生的知识面与工作适应能力。

6.加强实习实训教材建设

实习实训教材的建设，应突出其综合性和职业性，结合专业核心课程内容，贯彻"依照职业标准，突出工学结合，体现校企合作"的建设理念，校企共同分析专业岗位群主要岗位工种的工作过程，依照相关职业标准，总结归纳各工种必备的操作技能，明确学习任务。以职业能力为核心，以项目任务为载体，营造职业氛围，采用项目导向、任务驱动的教学模式，使学生在做中学、在学中做，融"教、学、做"为一体。开发出的教材应具备既满足职业素质和岗位技能需要，又体现职业岗位标准、作业标准及操作规范的特点。

7. 完善考核评价办法

改变传统的终结性考核形式，加强过程考核力度，注重学生综合职业技能的培养和职业素质的养成，制定并完善多元参与、多种形式、多个指标的全方位考核办法：（1）考核主体多元化。包括学生自我评价、学习小组评价、专兼职教师评价。（2）考核指标多维度。以能力考核为核心，强调知识、技能、素质的综合考核。（3）考核方式多样化。根据不同学习任务的特点和要求，可采取笔试、口试、实操、作品展示、成果汇报等多种类型的考核方式。

特别是顶岗实习教学，作为一种新的职业教育教学模式，是培养高素质技能型人才的一个重要环节。必须建立校内教师、企业教师、学生自我三元评价机制，强化过程考核。在实习工作结束时，学生、企业、学校均应填写《学生顶岗实习考核表》，作为评定学生顶岗实习成绩的重要依据。学生根据实习期间的表现和收获做出自我评价；企业指导教师重点关注实习过程考核，按照学生对相关岗位技能的掌握程度及职业素养的高低给定评价成绩；学校指导教师根据学生实习纪律、实习态度及实习日志和实习总结报告的完成情况给定评价成绩。在此基础上由系（部）顶岗实习工作指导小组依据三方评定结果对学生顶岗实习成绩给予综合评定，考核合格以上者获得学分，并颁发"顶岗实习工作经历证书"。

8. 以职业技能大赛为平台，促进实践技能的提高

职业技能大赛是对职业教育质量的检验手段之一，是学生充分展示自我的开放平台，也是促进学生就业、提高就业竞争力的有效举措。通过举办和参加校内外的职业技能大赛，使参赛学生的综合职业技能、团队合作意识、自主创新能力等得到进一步的训练和提高，并在学生中起到很好的引领和示范作用，更好地激发广大学生的学习积极性和自觉性。企业通过这一平台可选择更好的技能人才，也为学生将来的发展带来更广阔的空间。在指导参赛学生训练的过程中，指导教师也会产生一定的压力和动力，进一步促进教师实践技能和创新能力的进一步提高，更好地服务于教学。武汉铁路职业技术学院专门制定了相关政策，提供专项经费，督促和鼓励各专业每年开展各自相关的院级技能大赛，积极参加省级、国家级等更高层次的竞赛项目，目前已取得比较明显的效果。

总之，实践教学的改革是一个系统工程，在此仅就实训条件建设、师资队伍建设、教学内容、教学方法等方面存在的突出问题进行探讨，以供参考。除此之外，还涉及

实训场所管理模式、评价体系、质量监控体系等多个方面，有待于进一步研究和探索。

第三节　高等职业教育实践教学改革的思路

一、创新实践教学体系

实践教学体系的设计，关系到实践教学的效果和质量，直接影响着人才培养质量。对实践教学体系的研究不能仅限于实践教学的内容。实践教学体系是由实践教学活动中各要素构成一个有机联系的整体，具体包含实践教学活动的目标体系、内容体系、保障体系和管理体系等要素。高职院校的培养目标是根据产业结构和企业生产需求，结合各专业设置的适应性，制定本专业的总体及各个具体实践教学环节的教学目标。在实践教学体系中，目标体系起着引导驱动的作用。内容体系是指各个实践教学环节通过合理的结构配置表现的具体教学内容，它在整个体系中起牵动作用。保障体系由实验实训设施设备、师资队伍和学习环境等条件要求组成，是影响实践教学效果的重要因素。管理体系是指实验实训管理机构及人员、管理规章制度、管理手段和评价指标体系的总和，它在整个体系中起到信息反馈和调控作用。实践教学体系各组成要素在运行中既要发挥各自作用，又要协调配合，构成实践教学体系的总体功能。

为促进学生个性发展，更好地满足岗位能力的需要，创新实践教学体系十分必要。构建创新型实践教学体系的关键是在原有基础上，尊重学生的个性发展，充分发挥每位学生的潜能和积极因素，使具有个性差异的学生都能获得最大化的发展；进一步加强产学合作关系，缩小或避免学校教学与工作实际的距离。为实现这一目标，实践教学体系的基本框架是：按照学生能力培养层次，将技能划分为基本技能、专业技能和差异性技能三个部分。其中基本技能为认识实习，主要通过课内实训组织实施，采用理论讲授与上机操作相间的教学方法，对课程内容进行演示、验证、求解，培养学生的基本素质和通用能力。专业技能要求为学生构建面向生产、管理、服务第一线的训练平台，主要通过专项实训、课程设计、毕业实习、综合实训等环节的组织实施，让学生系统地掌握专业综合知识，提高综合应用能力，培养学生的职业能力。差异性技能通过积极开展社会实践、顶岗实习、职业资格证书考试、创业考试、课程选修、第二课堂等活动，创造有利条件，充分满足学生的个人爱好和需求，促进学生的就业和创业。

二、加强实践教学内容

教学内容的改革是实践教学改革与创新的关键。高职实践教学内容必须符合职业岗位（群）的技能需求，参照职业标准，引入企业新技术、新工艺，校企合作共同开发专业课程和教学资源，确保教学内容的针对性、实用性。

1.完善与规范课程标准

课程标准是实施教学的依据，课程标准应突出教、学、做合一的职业教育特点，明确课程教学知识目标、能力目标和素质目标，设计教学内容，体现理论知识与实践操作的交融并进，提出课程教学实施的组织形式、工作对象、工具、工作要求以及评价标准等。

2.教学内容面向生产实际

教学内容的选取与确定，应结合职业岗位的技能要求和企业生产实际，按照实际的工作流程，以项目、案例、任务的形式进行设计，体现出完整的生产过程。学生完成一个项目的学习，就可以掌握一个完整工作过程中的操作技能，同时感受职业岗位的工作氛围和职业要求，以实现专业教学与企业岗位的有效对接。既要满足近期就业"必须够用"，还应考虑到学生在职业生涯发展中的"迁移可用"，同时还要不断引入现场所采用的新技术、新工艺、新设备的相关内容，使职业教育的知识和技能跟上专业的发展。

3.加大"双证书"制度的落实力度

在专业课程体系建设中，一方面课程内容的设计要参照职业标准，并且单独设置有针对性的职业资格考证培训，引导学生在毕业前取得与本专业相关的职业资格或技术等级证书，提高就业竞争力；另一方面还应设置综合性较强的实践课程，培养学生处理复杂故障和解决突发问题的能力，突出综合职业技能的训练。

要使学生在校期间完成从学校到社会、从理论到实践、从模拟岗位到实际工作岗位的零距离对接，必须进一步转变观念，加强实践教学的软硬件建设，建立完善的实践性教学体系和运行机制。

三、改革实践教学方法

教学方法的改革与创新要突出对学生职业技能和职业素养的培养，坚持工学结合、学做一体的原则。根据教学内容的不同采取引导文、角色扮演、头脑风暴、四阶段、现场教学等不同形式的基于行动导向的教学方法和手段实施教学，重点培养和提高学生日后工作所需的基本专业技能和综合职业素质。

1.组织多样化的教学方法

在教学中注重方法的灵活性，讲授时注意多种方法的结合，在讲述、讲解的基础上，将案例式、启发式、对比分析法、师生互动教学、问答式等多种方法融于整个教学过程中，将理论教学、现场教学和实验教学有机结合。在课堂教学中选用的实例，应尽可能地取自生产实际，将应用中必备的技能和知识点融入其中，使教学内容丰富而不单调、教学过程生动而不枯燥，充分利用所讲授的实例和项目激发学生的学习积极性和学习兴趣，改变"满堂灌"的教学状况。

教学中应更多地运用现代信息技术手段，以多媒体技术和网络为平台，利用国际贸易实验室、数控仿真等软件，弥补传统授课方式的局限性，使教学内容更加形象直观、丰富多彩。

2. 开展丰富多彩的课外实践活动

定期开展以专业为依托的形式多样的课外实践活动是提高学生实践能力的重要途径之一。通过学生自行组织的计算机协会、动漫工作室、英语俱乐部等专业社团，广泛吸收学生中的相关专业爱好者，定期开展活动，逐渐形成良好的专业氛围和浓厚的学习兴趣。

开展各类实践竞赛活动，如举办网页设计大赛、摄影比赛、科技节等，激发学生的专业兴趣与热情。将课堂教学与课外活动相结合，提高学生的实践能力，培养严谨的工作作风。

四、转变实践教学形式

1. 模拟型向实用型转变

改变传统的模拟型实训项目，把实训内容与生产实际紧密结合，从现实应用中提取素材，直接与职业岗位实际工作接轨。

2. 指定型向自主型转变

过去的实训多由指导教师提出课题，学生根据要求按部就班地完成，其创造力和自主精神受到很大制约。应基于岗位工作过程，由教师提出实训任务，按照咨询、决策、计划、实施、检查、评价的"六步法"实施教学，提高学生的自主创新力。

3. 验证型向创造型转变

验证型实践的目的在于求证"已知"，创造型实践的目的在于探求"未知"，高职教育的实践教学应从培养创新人才的目标出发，强调创造型的实践教学。

4. 单一型向综合型转变

实践教学应注重学生综合能力的培养，注重专业知识的交叉和融合，以扩大学生的知识面与工作适应能力。

五、加大实训条件建设

实训条件的建设是实践教学的基本保障。高职教育的特点，对实验室和实训基地的建设和管理提出了更高的要求。一方面要求完善和规范现有的实验实训场地和设施，另一方面要求深化校企合作、产学结合实践模式，拓宽高职教育的办学思路。

1. 加强校内实训条件建设

按照"源于现场，虚实结合，学练一体，校企共建"的原则，进行校内实训条件建设，突出职业技能的培养。校内专业实训室建设，要注重实用性、综合性和先进性。

通过学校投入和校企共建等方式，不断改善校内实训条件。充分利用网络技术建立虚拟实训室、虚拟工厂，使学生通过虚拟平台真实地了解掌握各种技术，保证实训的开放性、针对性，使学生训练不再受时间、地点的制约。对已掌握的技能，学生不必再浪费时间，可以按照自己的需要自行选题，同时也可以和专业技术人员及其他院校的学生进行合作、交流、讨论，实现新技术的资源共享。

2. 按照互利互惠的原则，加大校外实训基地建设力度

校外实训基地建设是高职实践教学改革的主要内容，依托行业企业，校企合作、产学结合是高质量培养高职人才的有效途径。本着优势互补，校企"双赢"的原则，采取"请进来、走出去"等方式，选择装备水平高、技术岗位多、新技术应用广泛、管理规范的周边大、中型先进企业，建立长期稳定的校外实训基地，签订校企合作协议，明确双方的责、权、利。为真正发挥校外实训基地的功能，学校应主动为企业提供技术服务，解决技术难题，并聘请企业技术人员进行现场教学，企业为学校提供实训场所与便利条件（工作条件、生活条件），并与学校共同承担实训教学任务，校企紧密合作对高技能人才综合应用能力的培养提供了有效的保证。

第八章 职业教育模式创新

第一节 职业教育管理模式创新

新时代的发展中，大众行业追求创新、各个领域致力革新，职业教育管理模式也不例外。创新发展是新时期职业教育管理健康发展的根本要求，只有把握好职业教育管理创新的正确方向，提高职业教育管理质量，才能真正实现职业教育管理模式的健康与完善。本节详细阐述了新时代开展职业教育管理创新模式的根本原因，并剖析了当前职业教育管理模式中存在的问题，以此为突破口，探寻对策实现职业教育管理模式创新发展，以为相关研究贡献新的思路。

一、职业教育管理创新模式的必要性

首先，符合时代发展的要求。伴随着我国教育的不断普及与创新，职业教育成为人才培养的重要内容。作为国家教育的重要组成部分，促进职业教育管理模式创新，能够实现对人才能力的全方面培养与提升，让人才转变为才能，从而塑造出高水平的技术型人才，可以在国家改革开放大局建设中发挥出重要力量，从而促进新时代发展，提升国家软实力。只有创新，才能满足时代发展的要求，才能让人才的潜力充分发挥。

其次，职业院校发展的要求。在中国特色社会主义市场经济的发展下，职业教育在国民教育中的作用显著提升，各职业院校如雨后春笋般出现，在招生和办学上产生了激烈的竞争。只有积极吸收和借鉴国内外优秀职业教育的办学经验，基于自身进行不断创新与革新，才能增强竞争实力，获得竞争的主动权，实现自身的可持续发展。

最后，人才发展的要求。现代社会日新月异，对人才的要求越来越高，社会需要复合型人才进行生产和发展。开展职业教育管理模式创新，有助于切实保证学生的受教育权利，让学生掌握更多的工作技能，甚至直接对接企业经营发展，为人才提供广阔的发展平台，也有利于为企业提供智力支持。在新的管理模式下，学生能够学更多的知识和文化，技能得到有效锻炼和提升，在工作中即使遇到问题也能顺利解决，以实现自身的良好发展。

二、现今职业教育管理模式中所面临的问题

现代职业教育是国民教育体系中的重要组成部分，也是人力资源开发的重要内容，实现人才从工具型向人才型的转变，将是其未来发展的重点。职业教育管理模式不同于普通本科管理模式，其自身具有独特性与鲜明性，因此必须坚持错位原则，以就业为导向，将市场需求与企业发展作为关注重点，形成开放、多层次的职业教育管理模式，然而一些因素依然制约了职业教育管理模式的创新与革新。

（一）地区间、行业间、学校间的职业教育管理模式发展不平衡

教育受到地区、行业、学校的影响，可以说这三点是职业教育发展的重要影响内容。因为地区发展不平衡、行业竞争激烈、学校间资源失衡，导致职业教育和社会需求存在脱节。在国际化与全球化的推进下，社会对专业技术型人才有了更大的需求，为职业教育人才提供更广阔的发展空间与平台，对职业教育管理模式的创新迫在眉睫，但是学生在职业教育中的理论学习与实践锻炼难以满足实际岗位的需要，甚至很多学生在参加工作后面临着被淘汰的危机，这对职业教育未来发展是最大的威胁。

（二）职业教育管理模式中间环节管理不充分

大多数的职业院校在管理过程中，都出现了中间环节乏力的问题。很多职业院校在办学过程中，逐渐将自己的办学理念、规章制度等问题进行延展与实施。然而，现今很多职业院校未能意识到中间环节的重要性，未能把过程管理落到实处，导致所实施的教育管理模式和现实存在很大的出入，影响了学生的学习积极性，也无法有效培养学生的能力，这对职业教育而言是重大的打击。

（三）职业教育管理模式的主要目标和内容实施不到位

职业教育不同于普通本科教学，在日常教学与管理上存在很大差异，特别是在教学内容和教学过程中，因为其自身所开设的课程和专业与实际脱节，导致应用型技术人才的培养工作停滞。当前在职业教育管理模式中，仍然存在着部分院校坚持以教师为中心的教学模式，忽视学生的主体地位，对学生的实际训练内容较少，未能真正落实到专业设置和产业需求上。

（四）职业教育管理模式中校企合作制度保障落后

校企合作是一个老生常谈的问题，然而实际效果却参差不齐，在合作过程中状况较多，并且稳定性较差，也难以构建出统一完善的行动共同体，很多企业由于自身的工作较为特殊，并不想让那些毫无社会经验的职业教育学生进入工作岗位，甚至很多学生进入企业实习后，只能去做一些毫无技术含量、无法得到锻炼的工作；再者，一些职业学校缺乏科学、完善的法律法规做约束，导致在职业教育学生实习过程中出现

各种状况。

三、职业教育管理模式创新的对策

（一）构建多元立交的终身教育体系

开展终身教育，是把家庭教育、学校教育和社会教育进行充分融合，以形成一种全新的教育模式。职业教育管理模式不仅仅是一种职业院校开展的教育活动，而且是人在一生中都必须接受和认可的教育模式，从而在学前期学到老年期，让人类自身永远和社会进步保持一致。所以，在职业教育管理模式中，要想实现自身的创新性发展，必须突破传统教育院校的壁垒，实现对教育资源的充分整合，采取全新的教学模式，以实现教学机制和教学过程的全面突破，促进教育质量的提升，深化校企合作，以充分实现对人才的素质培养，并打造多元立交的考核机制与监督模式，实现教育机制的纵深发展，达到各类教学资源的平衡。

（二）革新职业教育管理理念

教育改革，首先要做好理念革新。职业教育和普通本科教育有显著差别，因此在实际运用中要积极转变管理理念，采取经营性思路，实现职业教育和市场需求的紧密融合，培养出社会认可的高素质人才。职业教育管理模式中，要实施有效教育，坚持以学生发展为根本目标，将管理创新方向定位于满足社会发展需求，以社会需求的转变对职业教育管理模式进行及时调整与完善，使其管理模式能够满足市场经济建设需要，以促进市场化的良好运行。同时，职业教育管理模式中，应更好地把握好生源市场和就业市场的良好统一，创新教育管理工作，促进新型教育产品的开发。职业院校要做好学校和企业间的良好沟通，及时解决学生就业过程中所面临的问题，以促进职业教育招生工作与办学过程的良好运行，实现对职业教育管理模式的创新性发展。

（三）完善校企合作机制

职业教育具有自身的职业特点和行业特征，因此要紧密融合自身发展实际进行人才培养模式融合，完善校企合作模式，做好企业人才遴选工作，并加强对职业教育中的教师技能培训，以合作办学有效促进人才培养，形成合作办学激励机制、合作育人管理机制、合作就业补偿机制，形成系统化、公正性的人才考核与输出体系。充分利用校企合作优势，建立校企合作理事会和相关工作委员会，吸纳有关智库专家和一流学者为职业教育发展出谋划策，搭建实习基地，构建完善的管理平台，采取学徒制、订单式人才培养方法，探索混合所有制办学模式，促进产、学、研一体化发展，实现职业教育的可持续推进。

（四）扩大中外联合职业教育办学优势

现今国内的职业教育已经朝着国际化的方向发展，在国际交流与合作上进行了不断地深化与延展，当前已经形成了全方位、多层次、宽领域的教育格局，是中国教育事业中的重要部分。通过中外联合办学，有助于充分吸收和借鉴西方国家在职业教育管理模式上的优良成果，并基于本国国情进行深化融合。同时，国内职业教育在资金投入与资源获取上始终存在较多限制，因此可以借助国际力量，充分吸收国外资源和民间资本，推动职业教育朝着高端化的方向前进，促进人文交流，改变社会对职业教育的固有看法，也能实现教育要素在国内的有效流动，形成资源的合理配置。

总之，近年来，国家对职业教育管理给予了较多的关注，也在政策和资金上给予了很多的支持，这也让世人明白，我国教育事业不仅需要普通本科教育，也需要专业技术型人才，只有人才全面发展，才能将处于改革发展大变局中的中国建设得更加稳定。当前，社会对职业教育形成固有观念，而且很多职业院校对自身定位不清，导致在职业教育管理模式上缺乏创新，直接影响了教育成效。因此，教育者只有构建多元立交的终身教育模式、更新教育理念、完善校企合作模式、扩大中外联合职业教育办学优势，才能针对性地解决当前职业教育管理模式创新过程中出现的疑难点，从而为职业教育院校提供良好的发展基础，为社会培养出全面发展的技术型人才。

第二节 高等职业教育管理模式的创新

研究高等职业教育管理模式的创新，旨在提升高职教育管理质量，促进高职教育管理工作发展。创新高职教育管理模式，需要高职院校正确认识教育管理模式创新的必要性，深入剖析高职教育管理模式创新的阻碍问题，以问题为突破口，实施革新管理理念、完善管理结构、加强过程管理等策略，创新高职教育管理模式。

一、高等职业教育管理模式创新的必要性

（一）时代建设需要

创新高职教育管理模式，是时代建设需求。近年来，我国高职教育大规模发展，国家强调素质教育推进与教育改革深化。高职教育是高等教育的重要组成部分，大力发展高职教育，创新高职教育管理，能够有效推动时代建设进程加快。高等职业院校致力于培养高素质技术技能型人才，这类人才在国家各项工作发展中占据重要地位，能够促进时代高校建设。而高职院校革新教学管理模式，可以加强教学管理工作，提升高职院校人才培养质量，促进学生全面发展，成为时代进步需要的应用型人才。因此，

高等职业教育的管理模式创新，能够满足时代建设发展需求。

（二）高职发展需要

创新高职教育管理模式，是高职院校的发展需要。在社会经济不断发展的背景下，我国高职教育在高等教育中的地位不断提升，院校之间的竞争越发激烈，需要高职院校积极借鉴普通高校教育改革经验与发达国家教育经验，革新教学管理工作，才能有效提升自身竞争实力，满足自身在新时期的生存发展需求。因此，高职院校需要将高职教育管理创新作为改革工作重点，积极构建新型教育管理体制，以有效教育管理把握院校进步发展的核心要素，提升院校整体教学质量，有效应对激烈的市场竞争，促进院校可持续发展。

（三）学生全面发展需要

创新高职教育管理模式，是学生全面发展的需要。随着社会的不断进步，科学技术飞速发展，高职院校学生掌握单一化的专业知识，已经难以满足时代的人才需求，高职院校学生所在专业对应的社会用人单位，正在逐渐提高人才录用标准，使高职教学工作面临新的挑战。而高职教育管理的创新，能够积极影响各大高职院校创新教学管理工作，强化教学工作监管，提升各专业教学质量，使学生能够在新型教学体制下接触到更全面的知识，学习到更丰富的技能，能够用所学知识对实际工作岗位中的各种问题进行解决，满足社会用人单位的人才需求，实现自我发展。

二、高等职业教育管理模式创新存在的问题

（一）管理理念滞后

高等职业院校创新教育管理模式，面临现有管理理念滞后的阻碍问题。在传统观念束缚下，我国高职教育管理创新工作进展缓慢，造成我国高职院校难以实现现代化教育管理。在传统高职教育管理模式中，院校通常会对政府部门的管理过分依赖，并且大多数高职院校并未建立适宜自身的发展规划，自主教育管理意识不足，影响教育管理创新。即使有部分高职院校能够充分践行自主管理理念，也容易出现强制化管理问题。在这种教育管理模式下，学校主导教育管理工作，教师与学生的个性化需求被忽视，影响师生配合院校教学管理工作的积极性，难以增强高职创新教育管理模式的效果。

（二）组织结构不佳

我国高职院校针对高等职业教育，创新教育管理模式，面临教学管理组织结构不够合理的问题。大多数高职院校在教学管理的组织结构上，照搬照抄普通高校，将教学管理的组织结构主要划分为后勤、行政与教育三个部分，遵循行政管理模式设立部

门，使各部门之间彼此独立、缺少联系，难以形成教学管理合力，弱化高职教学管理效果。高职院校不能结合自身办学特色与教学管理情况合理设置教学管理的组织结构，容易造成学校教学、科研与人才培养等工作难以有机融合，使高职院校无法培养学生的综合能力，在降低院校教学质量的同时，严重制约了教育管理的创新。

（三）过程管理不足

现阶段，创新高职教育管理模式，面临过程管理不足的问题。大部分高职院校的教育教学管理，都存在忽视过程管理、过程管理力度不足的问题。高职教育需要借助具体执行过程，实现自身办学理念、规章制度与发展规划等，因此，执行过程能够直接影响高职教育效果。但是现阶段，大多数高职院校并未落实过程管理，使教学过程脱离企业生产实践，无法为学生营造有利的教学氛围，影响学生能力发展，制约院校人才培养目标与社会企业高层次人才标准的统一，体现高职院校教学管理不足之处，需要高职院校加强过程管理，增强高职教学管理效果，有效创新高职教育管理模式。

三、高等职业教育管理模式的创新策略

（一）革新管理理念

创新高职教育管理模式，需要高职院校革新管理理念，积极运用经营型管理理念，提高职业教育服务质量，提升高职教育存在的价值，获得师生与社会的充分认可。高职院校革新教学管理理念，实施有效管理，需要树立服务学生与社会的管理理念，将管理创新方向定为满足社会需求，按照社会需求对高职教育管理工作进行及时调整，使高职院校教育管理与具体教学活动能够有效适应市场经济发展，体现高职教育管理践行市场化运作理念。在此基础上，高职院校需要有效把握生源市场与就业市场，结合两个市场需求，创新教学管理工作，开发新型教育产品，调整学校发展规划，提升教育质量。同时，院校需要联系两个市场的开发，通过多种渠道加强学校与社会用人单位之间的沟通，协调社会需求与高职教育，解决学生就业问题，促进学校生源质量提升与学生就业率提升，体现革新管理理念对创新高职教育管理模式的积极影响。

（二）完善管理结构

高职院校针对高职教育管理，创新教育管理模式，需要完善管理结构，具体而言，就是结合工学教学模式，构建科学合理的管理结构。高职院校完善管理结构，需要使用扁平式组织结构，该组织结构的特点为中间层数少、重视横向联系、信息反馈快、可及时调整、方便协调统一等。高职院校在创新教育管理模式的过程中，应用扁平式管理结构，能够突破传统行政化管理模式的限制，实现专业化、自主化管理，有效体现高职教育的专职化特色。因此，高职院校需要优化决策层与执行层的管理组织结构，

实行二级管理，加大院系自主管理权，使院系能够结合自身特色开展产学研工作，提升院系自主管理成效，增强高职整体教育管理效果。同时，高职院校需要合理设置管理结构，在传统后勤、行政与教学等管理机构组织的基础上，结合经营管理理念，针对人资管理、就业指导、教学规划执行等方面的教学管理工作，设立相应的管理部门，要求其承担具体教学管理责任，实现新型高职教育管理模式的有效构建。

（三）加强过程管理

创新高职教育管理模式，需要高职院校加强过程管理，严格把控教学管理执行过程，紧密结合企业生产实践与学校教学过程，有机统一企业人才标准与学校培养目标，并通过质量标准管理的实施，实现新型高职教育管理模式构建。我国高职院校产业性特征比较突出，在教育管理层面，高职院校的教育管理与企业管理存在相通之处，因此，高职院校加强过程管理，可以开展质量标准化管理工作。针对教学质量进行标准化管理，需要高职院校按照就业导向对质量标准进行制定与调整，在整体教学管理工作中，重视实践教学管理，加强训练学生的职业能力，并按照社会发展形势，调整院校自身的职业教育服务。同时，调查学生就业后实际工作情况，加强校企合作与沟通，及时获得企业反馈，针对性改进教育教学工作的不足之处，对高职教育教学缺陷过程加大管理力度，实现高质量的过程管理，提升高职教育管理实效，促进高职教育管理模式革新发展。

第三节　教育信息化 2.0 背景下职业教育模式创新

本节探讨了教育信息化 2.0 背景下职业教育模式创新策略，论述了职业教育模式的创新主要体现在教师队伍建设信息化、人才培养方向信息化、教学评价信息化、学校管理信息化四个方面，并基于教育信息化 2.0 对职业院校提出的新要求进行探讨，分析了职业院校教育信息化改革的具体措施。教育信息化手段培养了学生的自主探究能力和实践能力，实现了培养现代化、高水平人才地目标。

在教育信息化 2.0 背景下，职业教育模式的创新主要体现在教师队伍建设信息化、人才培养方向信息化、教学评价信息化、学校管理信息化四个方面。从这四个要点出发，基于教育信息化 2.0 对职业院校提出的新要求进行探讨，分析职业院校教育信息化改革的具体措施。

一、教师队伍建设信息化

（一）教师队伍建设信息化的新要求

要实现教育信息化就要加强教师队伍人才建设。在教育信息化背景下，教师要具有创新思维，体现在教学活动中就是要有创新课堂引导方式、授课方式、教学评价方式、个人学习能力等方面的思维。教师是学生学习的引导者，要提升教师的教学素质，进而培养出高素质高能力的学生。其一，创新课堂引导方式。帮助学生在短时间内激发学习兴趣，融入课堂学习。其二，创新授课方式。在信息化教育背景下，传统的授课方式已经不能满足学生的发展需求，学生需要更自由的课堂氛围来提高自己的实践力和创新力，教师应创新授课模式，提升教学效果。其三，创新教学评价方式。学生的发展是多元化的，对学生的评价维度也应该是多元化的，传统的成绩衡量标准会遏制学生的天赋和创造能力的发挥，不利于学生的成长。其四，提升个人学习能力。时代是不断变化和发展的，教学也是一个动态的过程，教师要转变观念，加强与外界的联系并学习先进经验，这样才能不断提高自身的教学能力，适应教育信息化模式。

（二）教师队伍建设信息化的改革措施

第一，提高教师招聘条件。学校在教师招聘过程中，要综合评定和考量教师的创新能力、学习能力、价值意识等，注重对教师专业素养的考核。职业院校教师要具备过硬的专业知识和实践能力，才能更好地为社会培养专业人才。第二，完善教师考核制度。在评定教师的教学成果时，不应单纯地以学生成绩作为参考，而应建立一个动态的参考指标，包括学生的学习能力、实践能力、创新能力等职业能力，多元化的教师评定指标能够促使教师加强对学生各项能力的培养力度，促进学生的全面发展。

二、人才培养方向信息化

（一）人才培养方向信息化的新要求

要实现教育信息化就要注重人才培养方向的信息化。职业院校生源与普通院校生源相比，学生的学习成绩和整体素质相对较低，职业院校学生的学习能力、创新能力、实践能力和自我管理意识相对较弱。因此，职业院校教学工作者在日常教学中，要注重培养学生这些方面的能力。当前，单一的技术型、文化型人才已经不能满足社会需要，职业院校教师要了解和掌握社会对人才的需求，明确人才培养定位，兼顾职业教育和文化教育，着力培养具备学习能力、实践能力且文化功底扎实、专业技能过硬的复合型人才。学习能力是在任何时代背景下都应具备的能力。社会发展是瞬息万变的，对人才的需求也在不断变化，想立足于社会就必须善于学习，发挥自身的专业价值，不断丰富自身的专业技能，增强社会竞争力，紧跟时代步伐，不与社会脱节，为社会所需所用。

（二）人才培养方向信息化的改革措施

第一，因材施教地对学生进行指导。兴趣是最好的老师，要激发学生的学习兴趣，使学生在后续的技能学习中能够始终保持对知识的新鲜感。学校可以依靠信息化手段发掘学生的兴趣点，尽量让学生选择符合自身兴趣和特长的专业进行学习。第二，建立激励机制，激发学生的学习主动性。职业院校的部分学生对学习存在一定程度上的抵触心理和抗拒心理，少数学生还存在厌学心理。职业院校可以通过激励机制改变学生的厌学现状，激发学生的学习积极性。第三，针对不同专业学生开展不同的活动项目，以提高学生的实践能力和创新能力。以职业院校的两大热门专业空乘专业和护理专业为例，对于空乘专业的学生，可以针对飞机飞行过程中不同的突发状况设置情境，培养学生的随机应变能力和创新精神，帮助学生更好地增长职业技能；对于护理专业的学生，可以设置不同的抢救情境，如火灾后急救、溺水后急救、交通事故后急救等，通过具体情境培养学生的实践能力，提高学生的专业素质。

三、教学评价信息化

（一）教学评价信息化的新要求

要实现教育信息化就要注重教育评价的信息化。教育评价包括学校对教师的评价、教师对学生的评价、学生对教师的评价等。当前，很多职业院校的教学评价体系不够完善，评价指标过于单调。其一，学校对教师的评价只注重教师所教学生的成绩和教师的教研水平，对教师自身素质和所教学生的素质并不关注。其二，教师对学生的评价只关注学生的学习成绩，对学生的学习能力、创新能力、实践能力并不做要求，评价方式也十分单一，往往是通过试卷考核的方式对学生进行评价，这不利于培养学生的实践能力和创新能力。其三，学生由于年龄限制，还没有形成深刻和完善的价值体系，虽然学生对于教师的评价指标相对多元化，但是部分学生对教师的评价过于随意，教师的性格、外貌都成为评价指标，导致评价有失公平和客观，还有部分学生只看教师的教学形态而不看教师的出发点，教师在教学过程中稍微严厉一些就会得到学生不好的评价，也使评价有失公平。

（二）教学评价信息化的改革措施

充分发挥学校的引导作用和服务作用，完善评价机制，使学校内部评价工作适应信息化教育模式。第一，在学校对教师的评价方面，要丰富教师评价指标。教师的教学价值不只在于所教学生的书面成绩，还体现在所教学生的综合素质能不能满足社会对人才的需求和个人发展的需要。为人师表的真正含义是教师要为学生起到良好的表率作用，教师的思想道德意识和日常行为都应该给学生带来正面影响，这些也应该纳入对教师的评价体系里。第二，在教师对学生的评价方面，教师要考虑到每个学生自身的特点并结合其优劣势进行综合评价，如果教师只关注学生的优点，看不到学生的缺点，那么教师在评价过程中就会过度放大学生的优点，而忽视学生的缺点，长此以往学生会养成骄傲自满的性格，不利于改正自身存在的不足，制约学生的发展。如果教师过于关注学生的缺点，不发扬学生的优点，就会大大打击学生的学习积极性，甚至会让学生产生自卑心理，不利于学生的发展。第三，在学生对教师的评价方面，教师应正确引导学生的价值观，帮助学生做出公正客观的评价。教师可以通过小游戏让学生体会到教师的辛苦。例如，教师可以和学生互换角色，指定一名学生担任一节课的教师，课程结束后再让该学生发表自己的感想，学生在经过换位思考之后，能够更好地理解教师日常工作的辛苦和具体行为的出发点，摆脱对教师的偏见，做出公正客观的评价。

四、学校管理信息化

（一）学校管理信息化的新要求

要实现教育信息化还要坚持学校管理手段的信息化。学校管理包括对人的管理和对物的管理：对人的管理主要包括对教职工的管理和对学生的管理；对物的管理主要包括对学校硬件设施的管理，如操场、食堂、图书馆等。教育信息化对学校管理方式也提出了新要求，学校应通过管理信息化实现与信息化社会的对接。例如，新冠肺炎疫情的暴发就对学校的信息化管理水平提出了很大的考验，学校需要在较短时间内，对学生的上学时间、教职工的上班时间进行安排与调整，还需要将信息快速高效地传达给学生和教职工。疫情的突发性和多变性使学校需要根据具体情况快速做出判断并进行调整，对学校的信息化管理水平提出了较高要求：其一，应具备先进的信息化技术，能够在最短时间内通知到学生和教职工。其二，应具备随机应变的信息化能力，在遇到突发状况时能够及时做出反应。其三，应具备信息化宣传手段，对学生和教职工进行安全教育，呼吁学生和教师共克时艰。

（二）学校管理信息化的改革措施

学校应把信息化管理融入每一个管理环节中。第一，对教职工进行管理时，可以取消传统的签字打卡制度，运用指纹、虹膜等专业信息化手段进行打卡。第二，对学生进行管理时，可以适当减少教师对学生的监管，更多地利用监控设备等信息化手段对学生进行监管。但是，对学生采用监控手段时要注意程度的把握，不应侵犯学生的隐私权而引发学生的逆反心理。第三，对学校的基础设施进行管理时，也可以合理运用信息化技术。例如，对食堂进行管理时，运用大数据技术保证食材的种类和数量可以满足学生需要，运用监控对食堂的干净整洁情况进行监督，运用现代信息技术手段进行支付而不再依靠传统的饭卡等。第四，对图书馆进行管理时，可以利用信息化手段录入学生的班级姓名信息，既节省了学生的登记时间，也节省了教职工资源。另外，还可以利用图书馆的借阅数据对借阅次数最多的学生进行奖励，激发学生的阅读兴趣。

教育信息化对职业教育提出了更高要求，也为职业院校提高教育质量带来了更多可能，职业院校要把握机遇，利用自身优势，提升教育信息化水平，提高学生的信息化能力，为社会输送更高质量的人才。

第四节 "互联网+"背景下高等职业教育模式的创新

当前我国互联网技术迅猛发展，在"互联网+"背景下，传统的教学模式已经无法满足教育发展需求，创新高等职业教育模式显得尤为重要。为了更好地提升高职学生的综合能力，学校应改革传统的教育方式。基于此，本节从当前高等职业教育存在的问题出发，对高等职业教育模式的构建进行了分析，并就"互联网+"背景下高等职业教育模式的创新策略进行了详细论述。

要想促进社会的良好发展，培养专业的技术人才是关键，高等职业教育在培养专业技术人才上发挥重要作用。在"互联网+"背景下，创新高等职业教育模式具有重要意义，借助先进的教育技术，探索多层次的教育方法，可使高等职业教育取得更好的发展。

一、"互联网+"的概念

"互联网+"首次提出是在2012年召开的易观第五届移动互联网博览会上。2015年7月，国务院发布的《关于积极推进"互联网+"行动的指导意见》文件中，不但促进了互联网与各行业的有机融合，而且使互联网涉及的范围从消费领域逐渐扩展到生产领域。

对于"互联网+"的含义，不同学者有着不同的理解。毕冉觉得"互联网+"是"互联网+传统行业"，其是借助互联网平台采用各种信息通信技术发生的"化学反应"。从经济层面来看，"互联网+"作为一种新的经济形态，是以广泛的互联网为基础设施与实施工具将全新的经济发展形态呈现出来。从技术层面来看，"互联网+"包括了各种互联网技术在内的信息技术，如云计算、移动互联网、大数据技术等，其在各个领域得到广泛应用，包括政治、经济等领域。

二、"互联网+"高等职业教育开展的必要性

随着我国互联网的发展，互联网技术在各领域得到广泛采用，教育行业也不例外。"互联网+"背景下，对高等职业教育教学模式带来了一定的冲击与挑战，但也带来了新的机遇。

互联网最突出的特征是资源共享，高等职业院校通过发挥互联网的优势，构建"互联网+"背景下新的教育模式具有重要意义。一方面，可从学生的特点出发，因材施教，为学生提供个性化发展的教学模式、教学内容，以此使学生的自学能力得到提升，取得良好的教学效果；另一方面，"互联网+"时代为高等职业教育提供了大数据，学生可以充分利用大数据，促进自己的全面发展，可以说随着"互联网+"深入发展，将培养出更多具有较高专业水平的应用型人才。

三、"互联网+"给高等职业教育教学带来的变化

（一）知识载体多样化

在"互联网+"背景下，高等职业教育教学过程中展现的知识载体越来越多样化，包括互动媒体、实物、微课等，其能有效调动学生的学习兴趣，教师要充分利用"互联网+"的优势展开教学，满足学生的学习需求，以此更好地提高教学质量。

（二）学习内容开放化

随着互联网的迅速发展，人们接受到的知识越来越多，通过网络可以让每个学习者了解到丰富的内容，并且通过网络技术，还能使他们进行"零距离"的交流、互动，实现资源的共享，这对学生学习来说具有显著优势。

（三）教学方式趣味化

在"互联网+"的时代下，教育教学中采用的传统教学方法逐渐被趣味化教学法所替代，通过借助互联网技术，能为学生提供趣味化的教学方式，其在一定程度上能调动学生的学习积极性，使其积极主动地参与到课堂中，感受到学习带来的乐趣。

四、"互联网+"背景下高等职业教育模式的创新对策

（一）深化企业合作

1. 发挥政府在校企合作中的主导作用

高等职业教育教学模式的创新中，可以通过加强校企合作的方式，为促进高等职业教育的良好发展奠定基础。首先，应将政府在校企合作中的主导作用发挥出来，政

府可以借助"互联网+"技术进行校企合作平台的统筹、搭建，实现学校与企业的双赢目标。其次，政府可以采用"互联网+"技术加强政策推动，使共赢局面得以形成。地方政府应将校企合作的相关政策予以出台，在宣传过程中可以采用"互联网+"技术。地方政府需新增教育经费，向职业教育倾斜，鼓励社会力量捐资、出资，助力职业教育的兴办，拓宽办学筹资渠道。高职院校不仅能减少资金投入，还能从校企合作中获取更多报酬，包括智力、教育、专利等，促进学校可持续发展。地方政府通过规模企业的引进，在为地方经济服务的同时，可以解决就业压力问题，形成多赢的局面。

2. 采用"互联网+"技术构建校企合作新局面

在校企合作人才培养目标的制定中，可以应用云计算、大数据等"互联网+"技术，制定好相应的人才培养目标。在课程与教材开发、教学研究、考核评价等方面采用"互联网+"技术。高职院校需要将企业中的诸多要素充分利用起来，包括技术、知识、设备等，使学生能将自身的专业理论知识、实践操作充分结合起来，并营造企业自身的职业教育与社会的责任感，使高职院校在"互联网+"背景下与企业形成互助互学的局面。

3. 采用"互联网+"技术推进校企合作实训基地建设

在信息化迅速发展的时代下，采用"互联网+"技术推进校企合作实训基地建设具有重要意义。这种实训基地的建设具有诸多优势，具体体现在教学实践课程同步、教学资源共享等方面，尤其是通过虚拟工厂、网络学习空间的构建，能有效节约成本，提升校企合作育人水平。所以，职业院校应该加大在互联网基础设施方面的建设力度，尤其要注重校企合作网络化平台的构建，将虚拟仿真实训基地建好，由此保障校企合作的良好开展。同时，职业院校还需要在校企资源共享投入力度方面加强重视，构建校企资源数据库，为学生提供充足的学习资源。此外，职业院校还要采用大数据处理技术综合评价学生与教师，以此使评价的客观性、真实性得到保障，为制订有效的人才培养方案奠定基础。

4. 线上线下混合式实训基地的搭建

在传统教学过程中，高职院校主要采用被动式的教学方法，这种方式无法取得良好的教学效果，同时，在实训中实训设备落后，甚至教师只注重理论知识的讲述，不注重锻炼学生的实际操作能力，这将导致学生动手能力较差。随着"互联网+"的迅速发展，高职院校与企业应加强合作，为学生搭建线上线下混合实训基地，以此使学生的动手能力与创新能力得到提升。

对于线上部分来说，可以通过网络建模进行操作实验的模拟，通过移动互联技术的应用，师生之间可以进行线上交流，且通过下载相关资料，能扩大学生的知识面，同时能及时反馈教师的教学活动。对于线下部分来说，其由两个部分组成，一是课内学习，二是课外实践。教师在传授知识的同时展开课外实践操作，能使学生分析问题、解决问题的能力得到提升，使学生真正理解与掌握所学技术知识，更好地提高学生的实践操作水平。

（二）建设高等职业双师型教师队伍

在创新高等职业教育模式中，双师型教师队伍的建设是一项有效措施。双师型教师要具有良好的职业道德，不仅要有教书育人的能力，还要在职业指导方面具有一定能力，具备职业基本理论、实践能力，能根据市场分析、职业岗位群分析，对培养目标、教学目标与方法进行调整与改进，注重学生行业、职业知识传授及实践技能的培养。同时，教师还要具有良好的沟通能力、协调能力与管理能力，具备创新精神。因此，我国的高等职业院校需要根据教师培养目标，创建专业教师职业发展制度，以此使双师型队伍的建设取得良好成果。

其一，在"互联网＋"背景下，可以采用"互联网＋"技术进行"双师型"师资建设平台的搭建，使企业工程技术人员与职业院校教师双向流动。通过双师型平台的共建，教师可以更方便地深入企业接受企业培训，以此提升其能力；对于企业高技能人才，符合条件的可以进入高校教学。与此同时，学校还需要对高水平的教师教练创新团队进行管理，教师与技能人才分工协作进行模块化教学，使校企科研攻关项目得以开展。

其二，学校可以采取专业实践、合作研发等方式，利用课余时间让教师到专业对口的企业参加实践活动，教师之间相互切磋教学方法与操作技能，以此提升教师的教学能力。

其三，学校还应注重激励及考核机制的建立。比如，在年度考核上，对优秀的教师予以奖励，向"双师型"教师倾斜，并采取动态管理"双师型"教师，使其实践水平得到提升，以此更好地适应"互联网＋"背景下高等职业的教学发展。

（三）采取多样化的教育模式

1. 翻转课堂的应用

翻转课堂教学能弥补传统教学模式的不足，尤其是新型的教学方法，翻转课堂所处的课堂教学氛围、环境存在较大的差异。翻转课堂是指学生在课堂之外从事基础知识的学习，在课堂之内深化与迁移知识，能丰富课堂活动，实现师生之间的有效互动，在教学过程中，学生有着浓厚的学习兴趣，可取得理想的教学效果。

2. 微课的应用

微课也是一种新型教学方法，将其应用于高职学校教学中发挥着重要作用，微课主要是指按照新课程标准及相关教学实践具体要求展开实际教学。对于职业教育来说，实践技能是最重要的部分，需要教师反复示范、反复练习才能掌握，所以在微课制作中，教师可以与企业工程师共同完成，在微课录制中采用真实的生产设备，增强微课的视觉冲击力。实现无缝对接学校教学过程、企业生产过程，以此提升人才培养的针对性。

3. 慕课的应用

近年来，慕课逐渐应用于教学中，其是一种开放性课程，是为了使知识传播得以增强，而由具有协作精神的个人、组织在互联网上发布教育课程。慕课可以弥补传统教学模式受时间与空间限制的不足，在当前"互联网+"背景下，大数据能提供丰富的信息，慕课教学模式能将以往枯燥的课程变得生动形象，取得良好的教学效果。

4. 掌课的应用

对于掌课来说，是采用"互联网+"、云资源进行便捷课程服务体系的建立，有灵活性的特征，能让学生采用零碎的时间展开学习，使学生的学习积极性得到提升。采用掌课的连续性，进行终身学习体系的构建，能无缝连接教育理念与先进技术，学生外出实习走向工作岗位后仍然可以在手机上了解知识点，使学生在外出实习的时候更好地解决专业问题。

5. 专业项目课程建设的强化

高等职业院校要打破传统的学科知识体系，在人才培养中注重培养学生的职业能力，教学上更多地关注学生岗位职业应具备的工作能力的培养，让学生在实践中积累更多的工作经验，以更好地胜任本职工作。

五、"互联网+"背景下高职教育的未来展望

（一）坚持教师信息化培训

信息化只是方法，教师才是高职院校信息化发展的主体，只有提高了教师的认知、信息技术、教学能力，才能提高高职院校的整体水平。在"互联网+"背景下，人们对高校教师提出了更高的要求，教师除了要讲授本专业领域的知识，还要掌握信息化手段。因此，教师应保持先进的思想，且高校要为教师提供信息化的培训，使教师在教学场景中积极应用信息技术，给学生带来更好的学习体验。

（二）优质的教学资源共享

课程资源就是所谓的优质教学资源。随着新技术的迅速发展，"共享"在"互联网+"的环境中发挥着重要作用，鼓励教师在公共网络中上传优秀的教学资源，以此使教育成果共享、吸收与优化的良性循环得以形成。

在讲解具体知识点时，"微课"作品能采用不同的信息技术，通过精短的视频形式展现出碎片化的学习内容，有效地整合学习过程与扩展素材，由此使教学资源更加完整。与"慕课"相比，"微课"的课程片段不是完整的教学课程，现在很多信息化比赛进行"微课"竞赛，未来社会将朝着"共享"的方向发展，在统一的共享平台下放置这些优质课程，能够让学生更好地自主学习，有助于为高等职业院校培养技能型人才

奠定良好基础。

在"互联网+"背景下，当前高等职业教育存在一些问题，其势必直接影响高等职业教学的发展。因此，创新"互联网+"背景下高等职业教育模式具有重要意义，其能使学生在实践中学到更多知识，且可提高学生的专业水平，使学生将所学知识更好地应用于今后的工作中，以此为社会输送更多优秀的人才。

第五节　智能化创造与高等职业教育模式创新

智能化发展是中国制造未来八年的主要方向。智能化制造不仅可以推动制造业向开放创新、服务制造和机器制造的方向发展，而且可以推动企业技术人才由低端操作类向高端技能类转变，促进企业岗位分布由金字塔分布向橄榄型分布迁移。在对我国现有职业技能人才和职业教育进行综合分析的基础上，本节提出了智能化制造背景下校企贯通的创新模式和课程体系的创新模式，并创新性地提出了以工作过程为导向和以岗位层级为标准的两个课题体系设计方法。

制造业是国民经济的支柱产业，是立国之本、强国之基。提高中国制造业的发展水平对促进中国经济的发展、提升国际综合实力有着重要意义。我国制造业快速发展，取得举世瞩目的成绩，同时积累了产能过剩、信息化程度低、资源利用率低与自主创新能力弱等问题，2017年全国金融工作会议确立由"金融去杠杆"转向"经济去杠杆"，处理"僵尸企业"。面对全球新工业革命的挑战，2015年5月，我国发布了"中国制造2025"的行动计划，对于职业教育发展影响深远。一方面，智能化制造离不开职业教育培养更多高级专业技术人才，离不开职业教育的人才支持，职业教育在我国制造业强国进程中大有可为；另一方面，我国现存的高级技能人才在数量和质量上与智能化制造不相匹配，当下的职业教育体系不能满足培养新型高级人才的需求。对此，本节从智能化制造对制造业的影响入手，深入分析我国高级技能人才的现状和职业教育存在的问题，以期探索面向智能化制造的高等职业教育创新模式。

一、面向智能化制造的企业转型特征分析

当前，新一轮科技革命与产业变革风起云涌，以信息技术与制造业加速融合为主要特征的智能化制造成为全球制造业发展的主要趋势。智能制造是基于新一代信息技术，贯穿设计、生产、管理、服务等制造活动各环节，是具有信息深度自主感知、智慧优化自决策、精准控制自执行等功能的先进制造过程、系统与模式的总称。智能制造将深刻改变中国制造业的格局，是企业在经济新常态和"三期叠加"新形势下，降

低人工成本、提高产品质量、实现规模化定制、打通产业价值网络的现实需要，主要体现在以下三个方面：

（一）智能化制造推动产品创新向开放创新转型

智能化制造下的产品创新将更加突出数字化、智能化、社会化和网络化，创新速度明显加快，具有多学科交叉、多种技术运用和多主体合作的典型特征。社会生产由批量定制向个性定制转型，消费者成为产品创新的组成部分，产业价值链实现横向整合，囊括物流、仓储、生产、市场营销及销售，形成一个透明的价值链——从采购到生产再到销售，或从供应商到企业再到客户。

（二）智能化制造推动生产型制造向服务型制造转型

众多企业将由产品生产者转变为产品与服务高度融合的服务提供者。传统制造业以产品生产为核心的商业模式向以消费者为核心的"生产＋服务"模式转变。以整体家装行业为例，尚品宅配建立起了从入户测量、专业设计到工厂加工到送货安装、售后维保等全产业链的服务体系。与此同时，智能化服务以各种形式融入制造业研发设计、生产制造、经营管理、销售运维等环节，价值创造与服务形态相伴而生，主要包括基于产品研发设计的增值服务、基于产品效能提升的增值服务、基于产品交易便捷化的增值服务、基于产品集成整合的增值服务、从基于产品的服务到基于需求的服务等。

（三）智能化制造推动人工制造向机器制造转型

智能制造意味着企业由产品销售和管理信息的网络化转向全面的数字化转型，智能制造要求系统具有高度认知能力和高度自控能力，各类技术的应用呈指数级增长，人工智能、机器人技术、传感技术将进一步提高系统的自动化能力，并加速大规模定制化。

二、面向智能化制造的人才需求现状分析

智能化制造将推动企业实施"机器换人"，大量的操作性岗位被智能机器所替代，企业的岗位设置分布由金字塔分布向橄榄型分布迁移（见图8-1），操作类岗位逐渐减少，管理和专业类岗位不断增加。《中国制造2025》明确提出，"加大专业技术人才、经营管理人才和技能人才的培养力度，完善从研发、转化、生产到管理的人才培养体系"，未来职业教育的重点是培养高层次、紧缺型专业技术人才和创新型人才。我国当前的各类人才在数量和质量上与面向智能化制造的人才需求不相适应。

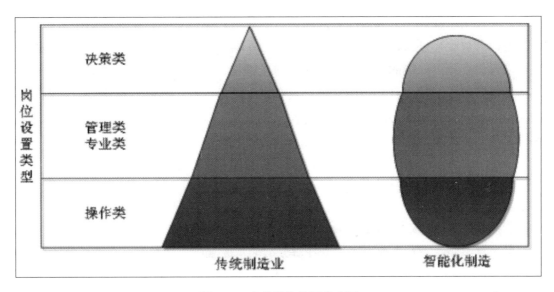

图8-1　企业岗位体系分布图

（一）紧缺适应智能制造的高端技术人才

首先，紧缺具有创新能力的科研人才，即掌握核心技术的高端专业技术人才。长期以来，我国用廉价劳动力制造的低水平工业品换取西方先进的高科技工业品，最关键的原因是缺乏掌握核心技术的科技研发人员，社会整体自主创新层级较低、能力不足，科技应用水平较低。其次，紧缺信息化的智能型人才，即信息技术与制造业深度融合的复合型人才。信息技术的创新正处于融合创新的新阶段，技术涉及范围广、应用程度深，课堂教学培养模式很难深入应用底层。新一代信息技术与制造业深度融合是制造业未来的主线和主攻方向。互联网在制造领域逐步深化运用，制造过程不断智能化，云计算、大数据成为基础设施，被企业广泛运用，未来的智能制造需要大量的掌握信息技术及其行业应用技能的高水平专业复合型人才。

（二）紧缺适应智能制造的作业过程操作人才

2012年中国人口红利出现拐点，整个劳动力市场的劳动力增长率开始下降，人力成本开始逐步攀升，东南沿海出现了严重的用工荒，政府的政策支持推动东南沿海企业加快了"机器换人"的步伐。经调研发现，一股脑的"机器换人"大都停留在替代简单手工操作的较低层次上，这种情况下面向作业过程的操作型人才尚缺。面向未来，我国以高校培养为主的人才培养方式，毕业生动手能力普遍不强，智能化应用的知识储备与社会实践要求之间存在差异，将高校毕业生培养成基础应用工程师，再到行业解决方案工程师，一般来说需要超过3年时间，人才缺口很大。

（三）紧缺适应智能制造的复合型管理人才

智能化制造促使企业的生产链横向整合和价值网纵向整合，企业的创新由内部创新转型为开放合作创新，企业的岗位布局由金字塔分布向橄榄型分布迁移，操作类岗位需求建设，更高层级的管理类和专业类岗位增加，企业需要能够有效整合协调内外部两种资源，专业精深且知识面较广、具有很强的适应性，能够迅速地更新知识以适应新生的行业或职业的要求，在具体工作岗位上需要深入了解产品细节、熟悉市场动态、善于把控流程的复合型人才。

三、中国高等职业教育存在的主要问题

（一）对职业教育的定位认识层次不高

虽然高等职业教育是促进经济、社会发展的重要基础，使整个社会受到舆论宣传、传统思想的影响，重普教、轻职教，重研究型人才、轻技能型人才的现象依然存在。究其原因，一是我国现行的用工制度和用人政策方面，导致人才评价体系偏重于学历评价，缺乏认可度高的职业技能综合评价体系。二是从专业角度上，高等职业院校虽然对职业教育的定位问题深有感触，然而在社会导向的压力下难以走出学历教育的泥潭，在职业教育的课程设置上容易出现跟风现象，缺乏前瞻性，对职业技能与持续学习能力的两个协同培养缺乏耐心和毅力。人们普遍认为教育的重点是理论教育，长期以来普通高等教育与高等职业教育区别度不高，教育内容覆盖面广、缺乏针对性，与实际的工作情况脱节。高等职业教育的主要目标是使学生具备高级专业技术技能，适应工作岗位需要，因此在教育过程中更应该注重实际操作和动手能力的培养。

（二）职业教育的参与主体处于弱势

一是生源质量明显处于弱势。从当前高职教育的两个学制看，五年制大专学生普遍是初中学业不理想的学生，生源年龄普遍偏小，自我管理和自我学习能力欠缺。三年制大专的招生工作安排在高考录取的最后一批，生源质量普遍不够理想。职业教育生源地家庭普遍对子女的教育投入有限，难有途径和能力将子女送到国外或拿出高额的费用享受更好的教育。

二是高职院校教师处于弱势。高职院校教师属于普通高校教师范畴，高职学院的师资门槛随社会发展水涨船高，教师队伍中硕士、博士学历比例普遍提高。一方面高职院校的授课教师普遍直接来自高等院校，在教学实践方面往往缺乏经验。另一方面高职院校的学制偏短，更加注重实践和动手能力的培养，高职学院教师必须花大量时间紧跟行业热点更新教学内容，实施因材施教策略。在学术界重文凭、重理论、重论文的大环境下，缺乏针对性的评价规则衡量高职教师的隐形付出，高职教师普遍被副

教授、教授的门槛挡在门外。

三是高职院校在获取政府和社会资源方面处于弱势，高职院校在争取外部合作项目方面与普通高等院校竞争处于劣势地位，创收能力有限，难以通过自力更生强化办学特色、有效融入地方经济发展，在争取地方政府财政投入方面处于劣势。

（三）高等职业教育院校转型发展力度不足

一是职业教育的课程体系"职业性"不突出。目前，大部分高等职业院校在沿用"公共课＋专业理论课＋实习"的"三段论"模式。高职院校对社会经济转型发展的反应相对滞后，不能敏锐地获取生源供给侧的平衡信息，教学远离企业生产一线，教学活动、实习实训情境难以贴近生产现场，导致教学内容与职业岗位能力要求不对接，人才培养规格与产业需求标准不对接等问题。

二是校企合作大多一厢情愿。由于缺乏有效激励机制，企业参与合作的积极性不高，校企合作存在"剃头挑子一头热"的现象，学生到企业顶岗实习、教师到企业实践难以落实。根本原因在于企业没有实际利益的回报，无法实现学校和企业"双赢"。与普通教育不同，高等职业教育是与就业企业联系最紧密的教育，最好的教学课程、实训设备都在企业，职业教育的性质决定了职业院校必须与企业融为一体。学校和企业合作过程中，责、权、利规定非常模糊，操作性不强。

四、面向智能化制造的高等职业教育模式创新

（一）面向智能化制造的高等职业教育改革创新

智能化制造给高等职业教育提出了全新的挑战和千载难逢的发展机遇，需要从内到位推行全面的深化改革，才能培养出适应未来需求的高素质人才。

一是高职院校需要细化面向智能制造的人才培养目标。切实强化素质培养和技能培养双并重。面向智能化制造，高职教育应把握住智能制造的发展方向，满足"中国制造2025"对大量技艺精湛的技能人才的需求，契合企业未来发展需要，满足学生未来成长需要。

二是高职院校需要强化"复合型"人才培养。企业需要高级专业技术人才的同时，需要更多具有"一专多精"的复合型人才。因此，高等职业教育在培养方式上既要体现普适性又要弘扬个性化。

三是高职院校需要更加开放的心态引进外部力量。在师资方面，建立开放的校外师资引进计划，发挥内外两支队伍的互补优势，校内师资重点在夯实基础类课程，校外师资则发挥专业特长专攻岗位实践。在学校内外部考核评价方面，建立综合评价指标体系，围绕高等职业教育的定位引入常态化的外部评价机制，借助外脑提升管理水平，强化以培训结果为导向的培训过程控制。

（二）面向智能化制造的高等职业教育课程体系创新

课程体系设计与组织实施是职业教育的关键环节，决定了教育成果。面向智能制造的高职教育需要充分认识高级技能人才的培养规律和成长规律，打破以知识教育为核心的传统课程体系，强化职业性、弱化学科性，探索建立适应经济社会发展、符合企业生产需要的现代职业教育课程体系。智能化制造需要职业教育从知识教育向能力培养转变、从课堂教学向生产教学转变、从书本教学向实践教学转变。无论是学术教育还是技能教育，主要课程大致可分为公共基础类、专业基础类、专业核心类、岗位实践类。公共基础类是围绕培养文化修养、职业素养，适用范围为所有专业；专业基础类是专业大类所必需的、基础性的关键课程；专业核心类则是完成特定岗位工作所必需的技能操作类课程；岗位实践类则突出专业知识与技能的综合运用，突出与就业岗位的有效衔接。经过对高等职业院校的走访调研和对用工企业的人力资源访谈，本书提出了面向智能化制造的高等职业院校课程设置方法，即以智能化的工作过程为导向的课程体系设计、以岗位梯次为标准的课程体系设计。

1. 以智能化的工作过程为导向的课题体系设计

该操作方法是以围绕智能化制造相关岗位的工作能力要求进行课题体系设计的方法，具有很强的操作性和行业针对性，同时兼具基础能力和职业发展能力。具体分为三个操作步骤：第一步，分析智能制造行业的典型职业活动，就是根据专业对应的工作岗位及岗位群进行典型职业活动分析，从大量的职业活动中抽象出典型职业活动；第二步，综合职业能力分析，按照由易到难、由简单到复杂、由低层级到高层级对典型职业活动顺序进行梳理，提取典型职业活动应具有的职业能力；第三步，搭建课程体系，即根据各层级典型职业活动的能力要求，按照职业成长规律及学习认知规律，对综合职业能力进行排序、重构后转换为课程体系。

以智能化生产紧缺的机器人协调员为例。随着智能人形机器人进入工厂，机器人协调员的需求越来越大，具体的工作职责是监督和处理车间的机器人故障，日常工作是对机器人进行常规的维护，若有紧急情况则需配合其他专家一起解决问题，在机器人维修期间，需要代替机器人进行工作以保持工厂的正常运行，减少生产停机时间。第一步，识别典型职业活动。机器人协调员的典型职业活动包括机器人维护、机器人故障识别、替代机器人进行手工生产。机器人维护所需要的技能是熟悉机器人的维护要点（包括维护周期、维护关键点、易损件和耗材更换），能够准确地进行手工操作。替代机器人生产，则要求掌握机器人在工厂生产流程中的流程、加工产品的合格标准、手工操作步骤，等等。第二步，综合职业能力分析。最基本的要求是掌握电器电路原理、机械设备维护操作、企业生产流程；专业层面上要求熟悉特定类型机器人的关键维修知识、机器人的工作原理；更高层级上要通过实践，提出对机器人的优化建议，等等。第三步，规划课程，即公共基础类课程包括电器电路维修、机械设备维护原理等；专业基础课程包括电子电路及自动化原理等课程；专业核心课程则是机器人设计原理、机器人的组成构成等；岗位实践类则包括机器人的拆卸组装、机器人的设备改造、机器人生产线装配，等等。

2. 以岗位梯次为标准的课程体系设计

该操作方法是以对岗位梯次的能力要求差异分析为标准进行的课程体系设计。具体的操作步骤主要分为三个步骤：第一步，理顺岗位层级，就是从行业岗位晋升的角度理顺各层级最需要的基础能力；第二步，归纳分析该专业所需要的基础能力和专业能力；第三步，课程体系设计，是按照基础能力和专业能力分类从宏观上进行专业课程体系设计。

以智能制造所急需的机器人装配岗位为例，该岗位具有很强的前瞻性，对职业技能人员的要求明显提高。操作类岗位要求是智能机器人的调试、安装、售后支持等；管理和专业类分为两个方向，管理方向是机器人的销售、应用流程优化方向，专业类方向是机器人的应用设计、应用编程、工艺改进，等等；决策类则是把控机器人应用的未来方向、主导技术升级、对技术趋势和行业趋势有比较深入的研究。因此，在课程设计上，公共基础课程包括设备安装技术、自动控制原理，等等；专业核心课程则是机器人编程、工作流管理、业务流程优化、深度行业业务等课程；岗位实践类课程则是机器人的装配实践、机器人设计与编程等。

（三）面向智能化制造的校企贯通合作模式创新

德国制造的成功在于职业教育的成功，最关键的成功要素是建立了职业学校和具有职业教育资质的企业两套教学培训系统。面向智能化制造的职业教育要实现转型，关键的一点是强化校企贯通式创新取得突破，真正实现资源共享、优势互补、共同发展。本书提出了以下两个模式创新：一是人才输送合作模式创新。当前，最普遍的合作模式是人才输送型合作模式，该模式创新从职业院校端进行改造升级，具有可操作性。面对智能化制造转型，高职院校的发展定位首先要紧盯地方特色优势产业，结合地方政府的产业发展与引进计划，突出订单式培养和定向培养，有针对性地培养特色人才。以浙江省和杭州市为例，围绕着电子商务的创业创新如火如荼，高职院校建立了电商专业，有效利用内外部两种资源，招生、培养、就业各个环节有效衔接，通过与电商产业园区合作实现了有针对性的人才输送。以苏州为例，近几年发展成为电子信息产业的重要基地，职业教育顺势而为围绕着智能制造方面进行人才培养，为美的等大型企业输送了大量专业人才。二是校企共建合作模式创新。调动企业参与职业教育的积极性是该模式创新的关键，将校企松散合作转变为紧密合作。具体的共建模式创新包括共建实训实验室、校企产融结合、校企股权合作等。面向智能化制造的合作模式创新最主要的模式是校企产融结合，智能化制造引起的岗位向上迁移要求职业院校必须主动向优质核心企业靠拢，依托核心企业的技术、人才优势，将职业院校办出行业特色。在课程设置方面，通过对接企业岗位需求，打造学用结合的目标。在师资方面，职业院校更应该坚持引进来，充分利用外部专业师资，提高技能培养的针对性。

第六节 "双高计划"推进职业教育发展模式创新

构建高质量的教育体系、增强职业教育适应性是"十四五"时期对我国职业教育的新要求，而发展模式创新是职业教育适应新发展格局、实现高质量发展的关键。要坚持特色发展、创新发展、内涵发展、转型发展、高质量发展。对"双高计划"建设学校，要针对职业教育发展中的难点、堵点、痛点问题，聚焦创新办学体制机制、创新育人模式、创新产教融合体制机制、创新教师发展模式、创新技术服务模式、创新专业建设模式，打破原有体制机制藩篱，彰显类型特征，构建跨界融合的生态系统，整体推进学校跨越式发展，实现职业教育"增值"，为接受职业教育的学生"赋能"。

近年来，特别是《国家职业教育改革实施方案》（以下简称"职教20条"）发布以来，职业教育作为教育综合改革的突破口，面貌发生了格局性的变化。一批"双高"建设学校，新生录取分数超过普通本科线，职业教育的吸引力和社会地位显著提升。同时，以部省共建创新发展高地为契机，整体推进职业教育改革发展，形成了一批面向全国复制推广的模式和经验。但是，如何创新发展模式，依然是新形势下职业教育发展面临的重大课题。教育部和财政部已公布了197家"双高计划"建设单位名单，实现"引领改革、支撑发展、中国特色、世界水平"的愿景，关键在于建设，必须跳出示范校时常规建设思路的限制，以人才供给侧结构性改革为主线，以创新职业教育发展模式为关键，引领带动职业教育整体高质量发展，形成职业教育类型体系。

一、发展模式创新是新时代职业教育高质量发展的必然要求

习近平总书记对职业教育工作作出重要指示强调，优化职业教育类型定位，建设一批高水平职业院校和专业。高质量发展是新时代高职教育增强适应性的基础，纵观职业教育的发展历程，发展模式创新是新时代职业教育高质量发展的必然要求。

（一）适应产业转型升级需求，需要创新发展模式

作为与普通教育同等重要的一种类型教育，职业教育肩负着面向人人和培养高技能人才的重任，关乎国家的经济发展与社会和谐，其核心特征受新时代经济社会发展和职业教育内在使命变化的深刻影响。随着智能机器人、虚拟现实、量子信息、清洁

能源、生物技术等技术革命的迅猛发展，德国推出了"工业4.0"，美国推出了"工业互联网"，我国先后出台了《中国制造2025》和《国家创新驱动发展战略纲要》，产业转型升级将推动产业从生产制造型向生产服务型转变、从模仿跟随向自主创新转变、从产业聚集向产业集群转变。"职教20条"指出，要把职业教育摆在教育改革创新和经济社会发展中更加突出的位置。可见，新时代职业教育的新使命、新要求就是要构建起与产业转型升级相适应、与经济结构调整相融合的现代职业教育体系，打破学校原有的发展定势，根据自身特点和人才培养需要，不断创新发展模式，培养各行各业需要的技术技能人才。

（二）构建现代职业教育体系，需要创新发展模式

"职教20条"确定了"职业教育与普通教育是两种不同教育类型，具有同等重要地位"的"双轨制"框架定位。这就要求职业教育形成同现代化经济体系相适应的中国特色职业教育基本制度和发展模式，构建"纵向贯通、横向融通"的现代职业教育体系，实现职业教育"增值"，给接受职业教育的学生"赋能"。当前我国职业教育改革进入攻坚克难阶段，实现职业教育现代化、构建现代职业教育体系刻不容缓。职业教育要深入分析发展过程中存在的难点、痛点、堵点等深层次的问题，通过创新发展模式，用改革创新的方法，推动职业教育高质量发展。

（三）培养多样化技术技能人才，需要创新发展模式

习近平总书记指出，职业教育是广大青年打开通向成功成才大门的重要途径，必须高度重视、加快发展。职业教育为满足培养多样化技术技能人才、能工巧匠、大国工匠的需求，不仅需要各个学制层面的职业教育，而且需要把各个层面的职业教育衔接起来的纽带，即职教高考制度。"职教20条"提出，建立"职教高考"制度，完善"文化素质＋职业技能"的考试招生办法。依托职教高考制度，在国家层面制定职业教育考试招生实施方案，为学生接受高等职业教育提供多种入学方式，使中等职业教育与职业专科教育、职业本科教育在教学内容上衔接起来，使任何职校生都可以通过统一考试进入任何职业学校的任何专业。"职教高考"制度、高职百万扩招等使职业教育生源结构多元化、学习需求多元化、发展方向多样化，急需深入研究职业教育规律和技术技能人才成长成才规律的基础上，打破原有人才培养定式，不断创新发展模式，为学生根据兴趣和禀赋多样化选择、多路径成才搭建成长渠道。

二、新时代职业教育发展模式创新的基本遵循

我国职业教育与发达国家职业教育相比，有共性，更具有自身的特性。因此，职业教育创新发展模式必须基于我国的国情，同时，以促进就业和适应产业发展需求为导向，彰显职业教育类型特征，实现"三个转变"。

（一）建设职业教育多元化办学格局，坚持转型发展

转型是"职教20条"的关键词，建设多元化的办学格局是深化新时代职业教育办学体制改革的重要举措。我国职业教育的办学主体和我国社会经济体制有密切关系，受计划经济影响，职业教育长期以来实行政府办学或国有企业办学。随着国家所有制和多种所有制经济共同发展，逐步出现在政府宏观调控下，面向市场，自主办学，政府的职能由注重"办"职业教育转向"管理与服务"。学校要坚持在办学主体上多元化，行业企业、社会团体、科研机构等都可以办职业教育；在办学形式上多元化，发展股份制、混合所有制，实行公办和社会力量举办的职业院校相互委托管理和购买服务；在投资机制上多元化，坚持政府投资、企业投资、社会捐赠、民间资本投资等相结合，拓宽资金筹措渠道，实现"由政府举办为主向政府统筹管理、社会多元办学"的格局转变。

（二）坚持职业教育提质增效方向，坚持高质量发展

质量是职业教育的生命线，没有高质量的职业教育，就没有职业教育的现代化。职业教育要坚持提质增效方向，把提高质量始终贯穿到学校人才培养、科学研究、社会服务、文化传承创新全过程，满足经济社会对优质职业教育的需求；要支撑国家战略，引领行业发展，提升服务产业转型升级能力；要深化产教融合、校企合作，系统推进体制机制创新，提高治理效能；要落实"三教"改革，为促进经济社会发展和提高国家竞争力提供优质技术技能人才支撑，实现"由追求规模扩张向提高质量转变"。

（三）彰显职业教育类型属性特征，坚持特色发展

职业教育作为类型教育的定位，既凸显了发展职业教育的重大意义，也指明了职业教育的发展方向。职业教育具有跨界、整合、重构三大特征，职业教育从一种类型转变为另一种类型，意味着范式的变化。优化职业教育类型定位，是构建现代职业教育体系的关键，是职业教育高质量发展的必然选择。在"双轨制"框架下，要坚持办学方向类型化，面向市场、服务发展、促进高质量就业；培养定位类型化，培养高素质技术技能人才；办学模式类型化，产教深度融合、校企紧密合作；治理体系类型化，政府主导、多元治理；人才培养过程类型化，发挥企业重要办学主体作用，促进产教融合、校企"双元"育人；坚持育人机制类型化，德技并修、工学结合。最终实现"由参照普通教育办学模式向企业社会参与、专业特色鲜明的类型教育转变"。

三、"双高计划"推进职业教育发展模式创新策略

"双高计划"是落实"职教20条"的重要举措，是职业教育"下好一盘大棋"的重要支柱。"双高计划"建设要突出"中国特色"和"高水平"的特征，用发展性的理

念指导建设全过程，推进职业教育发展模式创新，达到建设中国职教高地的目标，增强职业教育的适应性。

（一）创新办学体制机制，构建"多元竞合"治理体系

加速构建多元主体治理体系，是职业教育转型发展的切入口。随着我国进入新的发展阶段，呈现经济成分多元化、所有制多元化、利益主体多元化特征，"双高计划"提出构建政府行业企业学校协同推进职业教育发展新机制，各学校要坚持"发展出题目，改革做文章"，突破诱导式改革的限制，从办学体制机制入手实行倒逼式改革，真正激发职业教育的办学活力。从政府层面，着眼于多元治理的规划、制度、保障等方面，完善办学标准，构建多元化办学的制度框架，建立现代职业教育产权制度，促进多元主体举办职业教育的积极性，切实落实统筹管理的职责，探索引入市场机制，发挥市场的引导作用，健全支持和规范社会力量举办职业教育的激励政策，为实现治理体系和治理能力现代化提供基本的政策环境，形成职业教育由政府举办为主向政府统筹管理、社会多元办学转变的格局。从学校层面，采取多元化办学模式，广泛吸引社会各方面力量积极参与职业教育，走多种形式办学之路，以适应经济结构调整对人才的需求，着眼于推进混合所有制、股份制改革，在学校外部，依托产教融合型企业，建立教学工坊、高水平职业教育实训基地，并实体化运作，实现社会多元投资、校企双元育人"共赢共生"；在学校内部，将建设产业学院上升为全校战略，以产业学院作为转型升级高质量发展的重要抓手，在人才培养、技术创新、社会服务等方面开展深度合作，形成校企命运共同体。

（二）创新育人模式，构建德技并修人才培养体系

五育并举，德育为先。新时代高职教育人才培养模式创新，最根本的是落实立德树人成效，培养能够担当民族复兴大任的时代新人，实现全员育人、全程育人、全方位育人。首先，要坚持德技并修，落实好立德树人根本任务。学校发挥好育人主阵地作用，担负起培养中国特色社会主义建设者和接班人的历史使命。"大学之道，在明明德，在亲民，在止于至善。"学校不仅是传授知识的场所，更是塑造和培养学生价值观、人生观、世界观的熔炉，学校要把思想政治工作贯穿于教育教学全过程，用新时代中国特色社会主义思想铸魂育人，使每个学生都担当起中华民族伟大复兴的历史使命，主动担负起国家未来、民族希望的重任，成长为德才兼备、全面发展的人才。其次，坚持知行合一、工学结合，培育和弘扬工匠精神。学校要不断完善校企合作育人机制，制定相关标准，形成"双元"育人新格局，与产教融合型企业建立深度合作关系，实施现代学徒制和企业新型学徒制，校企共同主导人才培养，共同研究制定人才培养方案，及时将新技术、新工艺、新规范纳入教学标准和教学内容，注重技能传承。最后，探索具有中国特色的劳动教育模式，充分发挥劳动教育的独特育人作用。把劳

动教育纳入人才培养全过程，与德育、智育、体育、美育相融合，积极创新体制机制，适应科技发展和产业变革，针对劳动新形态，围绕创新创业，处理好劳动教育实施方案和人才培养方案相互支撑的关系，将劳动教育融入实习实训、专业服务、社会实践、勤工助学等全过程，注重教育实效，通过劳模精神、工匠精神教育，把提高技术技能和培养职业精神高度融合。

（三）创新产教融合体制机制，构建职业教育跨界融合新形态

职业教育要构建起跨界融合的新形态，就要坚持合作共赢，深入推进学校与政府各部门和行业企业在资金、技术、知识、设施、设备和管理等要素的整合。首先，要整合各方资源，共建共享发展平台，打造政府—地方—社会—行业—企业—学校命运共同体，学校与企业、社会相互开放，创新"融合办学、融合育人、融合就业、融合发展"的发展模式，实现产业发展与职业教育发展同频共振。其次，完善产教融合标准，构建产教深度融合、校企紧密合作制度框架，使企业参与职业教育人才培养的权利和利益得到制度的保障，推动产教融合型企业落地落实，采用多种办学模式延展产教融合链条。完善教育教学相关标准，制定国家资历框架，深入研究国外成熟国家资历框架成功经验，加以本土化尝试、调整和完善，健全标准开发与动态更新机制，为技术技能人才持续成长拓宽通道。

（四）创新高水平教师建设模式，打造结构化的"工匠之师"团队

"百年大计，教育为本。教育大计，教师为本。"教师是教育发展的第一资源，高职院校必须重视教师队伍建设。首先，每个教师都要成为先进思想文化的传播者、党执政的坚定支持者。要以学生为中心，勇于挑起思政担，成为学生健康成长路上的指导者和引路人，把思想政治工作落到日常、做到每个学生。注重引导学生正确认识时代责任和历史使命，树立远大抱负，全面提高政治素质。把提高职业技术技能和培养职业精神高度融合，做好新时代的"工匠之师"。其次，把着力点放在建设结构化的教师团队，解决"双师型"教师不足的问题，在教师的选聘、编制、管理等方面加强改革创新，推动教师来源多元化；聚焦不同的发展方向，优化"双师"队伍结构，形成错位发展、各有所长，实现教学团队优势互补；培养产业大师，从专业建设、社会服务、技术应用与创新等方面进行系统培训，重点关注科技攻关、生产工艺改进、产品开发、技术服务能力的提升，打造产业领军人物。

（五）创新技术服务模式，推进"产学研用创"融合发展

技术创新能力是高职学校的核心竞争力，服务企业特别是中小企业的技术研发和产品升级是高职学校的重点任务。但数据显示，目前我国高职学校技术服务能力普遍较弱，全国近四分之三的高职学校横向技术服务到款额在 100 万元以下，这在很大程度上影响了产教融合、校企合作的深度。"双高计划"打造技术技能创新服务平台，引

导高职学校对接科技发展趋势，推进"产学研用创"融合发展，提高服务发展水平。第一，坚持服务与研究融合发展，高职学校技术技能创新服务平台要与产业发展需求相适配，洞悉行业企业发展态势，针对行业企业创新需求，凝练优势研究方向，建立健全与企业共同提升技术技能积累创新能力机制。第二，坚持技术技能创新与人才培养相结合，"教学出题目、科研做文章、成果进课堂"，教师到生产一线，与企业共同开展技术研发，为行业企业解决发展中的实际问题，推进技术成果转化，提高应用技术研发能力和服务发展水平，同时，教师要把研究成果及时应用到教学内容中去，引领产业发展。

（六）创新专业建设模式，实现供给侧和需求侧全方位融合

专业群建设是高等职业教育与社会人才需求的桥梁和纽带，是主动适应经济发展和产业升级的关键环节。职业教育跨界性的特征决定了专业群组建和布局受多方面因素影响，系统论中整体与外部环境之间的关系，表征为专业群与产业的吻合度，即供给和需求的关系，系统论中部分与部分之间的关系表征为群内各专业要形成有机整体，在共同的行业背景下，各专业有序搭配、排列和融合，合力完成人才培养目标。高水平专业群建设是"双高计划"的重中之重。从政府层面，要服务国家战略和区域经济发展，建立健全专业布局动态调整机制，分行业制订专业布局规划，建立产业数据发布平台，深入跟踪产业发展、研究各行业职业人才需求，及时准确发布人才需求报告，引导学校专业设置、招生规模与人才培养目标定位，促进职业教育与产业人才需求更为精准对接与融合。学校层面，要以专业群建设为龙头，引领学校特色发展。陈宝生部长指出，职业教育要推动向深度发展，学校是龙头，产业是基础，要把专业建立在产业链、需求链上。跟随产业发展提高专业建设质量是高职教育增值赋能的必由之路，是产业转型升级对职业教育的重大要求，更是职业教育自身发展的主动诉求。高职学校要下好专业群建设的先手棋，适应产业链和多产业领域跨界融合对人才的需求，突出学校的优势，办出学校的特色，提高双高建设学校的办学灵活性。

参考文献

［1］鲍玮.高职教育实践教学体系的建设探索 [M].天津市：天津科学技术出版社，2017.

［2］陈强.高职教育立德树人理论创新研究 [M].昆明：云南大学出版社，2020.

［3］陈永芳，师慧丽，王路炯.职业教育教学设计理论与案例分析 [M].上海：同济大学出版社，2019.

［4］陈泽宇.职业教育新工科课程开发的理论与实务 [M].北京：北京理工大学出版社，2019.

［5］丁惠炯.新常态视野下现代职业教育治理体系研究 [M].北京:经济日报出版社，2018.

［6］葛科奇.高职教育导师制实践与创新 [M].天津：天津科学技术出版社，2018.

［7］胡正明，何应林，方展画.优质高职院校建设理论与实践研究 [M].武汉：华中科技大学出版社，2019.

［8］黄春荣.职业教育扶贫研究与实践 [M].北京：北京理工大学出版社，2020.

［9］李全文.高职教育改革的理论与实践 [M].成都：电子科技大学出版社，2011.

［10］刘康民.高职教育供给侧改革研究 [M].北京：北京理工大学出版社，2020.

［11］齐爱平.职业教育基本问题研究 [M].北京：知识产权出版社，2016.

［12］史伟，杨群，陈志国.新时期职业教育校企合作办学模式探索 [M].天津：天津科学技术出版社，2018.

［13］王辉珠.现代职业教育学概论 [M].西安：西北大学出版社，2015.

［14］王升.高职教育的创新发展探索 [M].石家庄：河北人民出版社，2018.

［15］王晞.新时代职业教育教师队伍专业化建设与发展 [M].北京：北京理工大学出版社，2019.

［16］王资，周霞霞，王庆春.高等职业教育内涵式发展评价研究 [M].重庆：重庆大学出版社，2018.

［17］徐晔.中等职业教育功能定位研究 [M].北京：北京理工大学出版社，2021.

［18］闫智勇，吴全全.现代职业教育体系建设目标研究 [M].重庆:重庆大学出版社，2017.

［19］张耀嵩．高等职业教育办学体制机制研究 [M].上海：复旦大学出版社，2017.

［20］周建松．现代职业教育体系建设与高职教育创新发展 [M].杭州：浙江工商大学出版社，2017.

［21］蔡泽寰．应对工业 4.0 高职教育的趋向 [N].襄阳日报，2015-06-09（5）.

［22］陈睿．对职业教育管理创新模式的研究 [J].学周刊，2016（15）：129-130.

［23］陈士强．高职院校实践教学管理模式探析 [J].继续教育，2008（5）：9-11.

［24］陈子季．以大改革促进大发展．推动职业教育全面振兴 [J].中国职业技术教育，2020（1）.

［25］程允丽．加强实践教学．培养合格人才实践 [J].中国科技信息，2007，（3）：256-257，260.

［26］韩彦芳，欧阳志红．中国制造 2025 背景下职业教育人才培养的思考 [J].职业，2016（2）：22-23.

［27］黄维新．实践教学是职教课程改革的核心 [J].职业技术教育：教学版，2006，（26）：81-82.

［28］黄文杰，张圆圆．高等职业教育创新管理模式探讨 [J].中国培训，2017（2）：73.

［29］姜大源．跨界、整合和重构：职业教育作为类型教育的三大特征：学习《国家职业教育改革实施方案》的体会 [J].中国职业技术教育，2019（7）.

［30］蒋琪．高校信息化教学模式及问题与对策研究 [J].中国职工教育，2014，（20）：188.

［31］金明根．高等职业教育管理模式的研究与探讨 [J].教育现代化，2016，3（5）：129-130.

［32］李逢庆．混合式教学的理论基础与教学设计 [J].现代教育技术，2016，26（09）：18-24.

［33］李桂华，赵鹏程．高等职业教育管理体制创新研究 [J].湖北广播电视大学学报，2007（11）：8-9.

［34］李海燕．高等职业教育人才培养模式改革途径研究 [J].继续教育研究，2012（6）：57-58.

［35］李家瑛．实现中国制造 2025 目标现代职业教育任重而道远 [J].天津职业院校联合学报，2016（18）：23-25.

［36］李建国．中高职协调发展视角下的现代职业教育体系构建：以江苏盐城地区为例 [J].黑龙江高教研究，2013（6）：156-158.

［37］李梦卿，邢晓．"双高计划"背景下高等职业教育人才培养方案重构研究 [J].

现代教育管理，2020（1）.

［38］刘任庆．当前职业教育体系存在的问题与对策研究［J］.成人教育，2014（9）：65-67.

［39］彭汉庆．对影响高职实践性教学若干问题的思考［J］.湖北职业技术学院学报，2004，7（1）：8-10，20.

［40］任占营．新时代高职院校强化内涵建设的关键问题探析［J］.中国职业技术教育，2018（19）.

［41］王华．高等职业教育教学模式改革的研究与实践［J］.中国教育学刊，2015（S2）：252-253.

［42］王开淮，聂文俊．论高职院校学生教育管理与教学活动深度融合的育人模式［J］.教育与职业，2017，（10）：53-56.

［43］王清华．现代职业教育的实践与思考：江苏省职业教育的考察报告［J］.石家庄职业技术学院学报，2013（5）：7-10.

［44］吴枫．中国制造2025背景下湖北省职业学校应对策略研究［D］.武汉：湖北工业大学，2016：11.

［45］吴融生，林群强．高等职业教育实践教学模式改革的探索［J］.现代职业教育，2018（15）：22-23.

［46］徐芸．关于中高职教育课程衔接的思考［J］.教育与职业，2014（11）：44-45.

［47］许海港．高等职业教育管理模式的创新研究［J］.淮南职业技术学院学报，2020，20（2）：75-76.

［48］闫梅红．中高职协调发展视角下的职业教育发展现状及对策探析［J］.教育与职业，2012（27）：16-19.

［49］颜彩飞．中国制造2025与现代职业教育的转型发展思考［J］.河南科技，2016（3）：1-4.

［50］燕艳，李潘坡．基于课堂教学模式重构的"互联网＋职业教育"信息化发展框架探究［J］.教育与职业，2018，（04）：92-97.

［51］于志晶，刘海，岳金凤，李玉静，程宇，张祺午．中国制造2025与技术技能人才培养［J］.职业技术教育，2015（21）：3-5.

［52］喻忠恩．职业教育改革的模式选择及政府角色［J］.职教通讯，2018（15）.

［53］袁方．新时代背景下高职学生管理模式的创新研究［J］.科教文汇（中旬刊），2019（9）：114-115.

［54］赵惠莉，王兵．供给侧改革语境下省级统筹高等职业教育的发展路径［J］.教育与职业，2016（21）：32-37.

［55］周如俊．基于CDIO审视中职校专业教育实施误区与应对之策［J］.江苏教育（职

业教育版），2010（7）：32-34.

［56］朱萍．职业教育管理模式创新与发展策略初探［J］.天津职业院校联合学报，2016，18（6）：11-14.

［57］庄西真．创新·指南·落实：《国家职业教育改革实施方案》解读［J］.教育与职业，2019（7）：5-10.